W0264602

u »Sami und der Wunsch nach Freiheit« im Unterricht

INHALTSANGABE

u.1

Rafik Schami erzählt in seinem bewegenden Jugendroman »Sami und der Wunsch nach Freiheit« die Geschichte von Scharif, einem syrischen Flüchtling, und seinem Freund Sami. Der Ich-Erzähler Scharif, der der katholischen Minderheit in Syrien angehört und der im Mai 2012 über die Türkei nach Deutschland flüchtet, erzählt in kurzen Episoden vom Leben in Syrien, von der Angst der Menschen und den politischen Zuständen vor dem Ausbruch der syrischen Revolution im Februar 2011. Alle Episoden erzählen von den Abenteuern seines besten Freundes Sami, ihrer innigen Freundschaft und ihrer Sehnsucht nach Freiheit.

Sami und Scharif sind unzertrennlich. Sie wachsen in der Altstadt von Damaskus unter ärmlichen Bedingungen auf. Während Scharif mit seinen Eltern in einem großen Haus lebt und nur Küche und Toilette mit den Bewohnern der Etage teilen muss, wohnt Sami mit seinen Eltern und Geschwistern sowie mehr als zehn anderen Familien im »Gnadenhof«, einer Ansammlung von miserablen Behausungen der ärmsten Christen. In der Gasse kennt jeder jeden. Die Väter sind einfache Polizisten, ihre Mütter beste Freundinnen. Zu den Protagonisten der Nachbarschaft gehören neben der Apothekenhelferin Barbara auch der Süßigkeitenverkäufer Hasan und Elias, der pensionierte Postbote, der alles weiß und von dem Scharif lernt, Laute zu spielen. Sami ist ein mutiger Junge, der viel für seine Freunde, seine Familie und seine Überzeugungen riskiert. Er erlebt so manches Abenteuer und behält von fast jedem eine Narbe zurück.

Die Anekdoten erzählen, wie Sami eine Quittengelee-Stulle für seine Schwestern rettet und sich am Zaun verletzt, wie er das Lamm des Rektors zur Aufzucht überlassen bekommt und sein betrunkener Vater dieses gleich schlachtet, wie Sadik, der schnellste Läufer der Schule, gegen den Sohn des Präsidenten antreten muss, gewinnt und dann verhaftet wird, wie sich Sami in Amira und später in Josephine verliebt, für die er sogar sein Leben aufs Spiel setzt.

Während am Anfang die Abenteuergeschichten der beiden Jungen die Leser_innen immer wieder zum Schmunzeln bringen, überkommt einen beim Lesen bald immer mehr die Beklemmung, die die Menschen bedrückt. Willkür gepaart mit Brutalität nutzt das Regime, um seine Untertanen ruhig zu halten. Immer wieder wird dies in den kurzen Kapiteln zum Thema. So berichtet Scharif über die Missstände in der Schule. Drill, Ungerechtigkeit und Abhängigkeit vom Wohlwollen der Oberen spielen vor allem auch dort eine große Rolle. Aber nicht nur Unterdrückung, sondern auch Korruption innerhalb der Nachbarschaft und innerhalb der Familie sowie die Angst vor willkürlicher Verfolgung durch die Geheimdienste lähmt die Menschen.

Beiden Jungen gelingt es, in einer weiterführenden Schule aufgenommen zu werden, und je älter sie werden, umso mehr wird ihnen bewusst, in welcher Unfreiheit sie leben, und je näher die Erzählung in die Gegenwart rückt, umso bedrückender wird das Leben in Syrien. Die Zustände verschlechtern sich und die Aufstände gegen den Diktator erwachen.

Alles spitzt sich zu und auch Scharif und Sami schließen sich den Demonstrationen und Revolutionär_innen an. Sie befreien Luca, den Bruder von Josephine, aus dem Gefangenenlager und arbeiten als Computerspezialist_innen im Untergrund. Sie schließen sich einem geheimen Online-Blog, der sich »Die Seite der Revolution« nennt, an. Es wird geschildert, wie das Internet, die sozialen Netzwerke und die Smartphones es möglich machen, sich untereinander zu vernetzen, einen Blick über die Landesgrenzen zu werfen und Kontakte in die Welt zu knüpfen. Solange der Geheimdienst auf diesem Gebiet noch nicht so firm ist, haben Nelly, Scharif und Sami einen echten technischen Vorsprung, den sie weidlich ausnutzen.

Als ihr Widerstand gegen den Diktator wächst und der Aufstand in Daraa ausbricht, müssen die Freund_innen abtauchen und schließlich fliehen. Durch die Flucht nach Deutschland trennen sich erst einmal die Wege von Scharif und Sami.

Eine Mischung aus Gewalt, Korruption, Angst und Schweigen, die die andere Seite des Lebens von Scharif und Sami in Damaskus ausmacht, bildet die dunklen Fäden und den Grundton des Erzählgewebes in diesem Jugendroman. Die erzählerische Grundhaltung ist jedoch warmherzig, humorvoll und menschlich berührend. So ist ein poetischer Roman entstanden, mit dem es Rafik Schami gelungen ist, mithilfe seines Augenzeugen ein Bild von Syrien zu zeigen, das einem nahegeht.

u.2 DIDAKTISCHES PROFIL DES ROMANS

Mit viel Feingefühl erzählt der Autor Geschichten von Gewalt, Korruption, Auflehnung, Unterdrückung und die Angst der Menschen in Syrien. Die Rahmenhandlung wird von dem bedrückenden Thema des Krieges und den Folgen eines diktatorischen Regimes begleitet, wirkt aber insgesamt nicht schwerfällig. Als Leser_in wird man immer wieder in die aufregende, fast märchenhafte Welt Scharifs und Samis gezogen.

Der Roman bietet so viele Anknüpfungspunkte an die Lebenswirklichkeit der Kinder und ist demnach zur Leseförderung bestens geeignet. Die unterschiedlichen Themen werden sehr behutsam miteinander verbunden. Schwierige Aspekte, wie etwa die Gewaltausübung an und Freiheitsberaubung von Menschen, werden innerhalb der Erzählung mit gefühlvollen und emotionalen Situationen ausgeglichen. Aufgrund der ausgewogenen Verknüpfung von vertrauten, assimilativen und eher neuen, akkomodativen Aspekten, der Textmenge und des Anspruchsniveaus ist das Buch für die Klassenlektüre in den Klassen 8 bis 10 zu empfehlen. Die Protagonisten Scharif und Sami haben in vielen Episoden das Alter der Leserschaft, was zudem die Identifikation erleichtert. Die vertrauten Dimensionen des Textes, wie etwa die Abenteuerlust der Protagonisten, ermöglichen, dass die Jugendlichen von sich aus einen Zugang zum Buch finden können und dass Anknüpfungsmöglichkeiten für eine eigene Deutung vorhanden sind (Assimilation). Dieser Aspekt bezieht sich auf das lesefördernde Potenzial. Neue, zusätzliche Anforderungen, die das Buch an ein Verstehen der Kinder stellt, betreffen eher den Bereich des literarischen bzw. kunsttheoretischen Lernens, so z. B. das Erzählkonzept und das eher ungewöhnliche Handlungsgeschehen.

Im Überblick lässt sich das didaktische Profil folgendermaßen skizzieren:

Dimension des Textes	Das Vertraute: Möglichkeit zur Assimilation (Leseförderung)	Das Neue: Notwendigkeit zur Akkomodation (literarisches Lernen)
Wirklichkeitsbezug	▸ Realbiografische Schilderung (vertraut, alltäglich, gegenwärtig) ▸ Protagonisten im Alter der Lesenden	▸ Überzeichnung von Figuren und Situationen ▸ Fiktionierung über Geschichte mit realer Grundidee ▸ Irritierende Elemente
Thematik	▸ Politische Missstände: Krieg, Unterdrückung und Diktatur ▸ Freundschaft ▸ Konflikte innerhalb der Familie und mit Erwachsenen ▸ Individualiät und Zusammenhalt ▸ Abschied	▸ Rollenverhältnisse ▸ Politischer Hintergrund des Romans ▸ Menschen in Extremsituationen

»Sami und der Wunsch nach Freiheit« im Unterricht © Beltz Verlag · Weinheim und Basel

Dimension des Textes	Das Vertraute: Möglichkeit zur Assimilation (Leseförderung)	Das Neue: Notwendigkeit zur Akkomodation (literarisches Lernen)
Figuren	▸ Identifikation mit jugendlichen Figuren, den Familienmitgliedern bzw. den Nebenfiguren	▸ Identifikation mit Verrätern und ambivalenten Figuren (z.B. Samis Vater)
Sprache/Stil	▸ Wörtliche Rede und Dialoge ▸ Spannungsbogen	▸ Neutrale Schilderung von Leid und Unterdrückung
Literarische Formelemente/ Erzählkonzept	▸ Ich-Erzähler ▸ Lineares Erzählen ▸ Kapitelgliederung	▸ Rückblenden ▸ Rahmenerzählung ▸ Vorausdeutungen (Prolepsen) ▸ Kommentierende Kapitelüberschriften

LITERARISCHES PROFIL DES ROMANS

U.3

Erzählweise

Auf 326 Seiten schildert der Autor in linearer Erzählweise die Geschichte von Scharif und Sami. Der realbiografische Roman wird in 35 Kapiteln mit jeweils zwei Kapitelüberschriften von unterschiedlicher Länge erzählt. Die Kapitelüberschriften beziehen sich inhaltlich zum einen auf die Rahmenhandlung und zum anderen auf die Erlebnisse des Erzählers.

Es herrscht ein *personales Erzählverhalten* vor. Der Leser erlebt das Geschehene aus der Perspektive des Ich-Erzählers Scharif. Er weiß um seine Gedanken und Gefühle. Einblick in das Gefühlsleben anderer Protagonisten bekommen die Leser_innen nicht. Demnach können wir nur Mutmaßungen darüber anstellen, wie andere Figuren im Text verankert sind oder was diese in den einzelnen Szenen denken.

Das erlebende Ich, das unmittelbar am Geschehen beteiligt ist, und das erzählende Ich, das die Retrospektive einnimmt, sind hier beide gleichzeitig vertreten. Dadurch kann der Ich-Erzähler werten, kommentieren oder Handlungsstränge vorwegnehmen und beurteilen.

Durch diese Erzählweise wird bei aller Grausamkeit der Geschehnisse eine gewisse Distanz für die Leser_innen ermöglicht. Dadurch gelingt es, ein grausames Geschehen so darzustellen, dass es die Leser_innen beeindruckt, aber nicht verschreckt oder gar schockiert. Man bekommt einen realistischen Eindruck von den Lebensbedingungen in Syrien, von dem, was die Menschen dort meistern mussten und müssen, wie der Traum von Freiheit alles beeinflussen und verändern kann.

Der Roman erzählt den Zeitraum zwischen der Geburt der beiden Protagonisten bis ins frühe Erwachsenenalter. Die erzählte Zeit umfasst damit etwa 22 Jahre, wobei der episodenhafte Aufbau kleinere und größere Zeitsprünge sowie erzählerische Raffungen zulässt, die den Plot spannend halten. Den Leser_innen wird eine exakte zeitliche Angabe vorenthalten.

Das *Erzählen in Episoden* vermittelt den Leser_innen ein lineares Erzählen: Immer wieder wird von Abenteuern Samis berichtet oder das Soziotop der Damaszener Altstadt offenbart, in der nachbarschaftlicher Zusammenhalt, aber auch Korruption an der Tagesordnung sind. Dadurch präsentiert der Roman eine Vielzahl an Handlungsorten und Nebenfiguren, die alle in Bezug zueinander stehen. Bei den Orten handelt es sich um namentlich benannte Städte und Plätze in Syrien.

Bei weitgehend linearer Erzählweise im epischen Präteritum – die Prolepsen einmal ausgenommen – enthält der Text einen relativ großen Anteil an Erzählrede, daneben aber auch wörtliche Rede.

»Sami und der Wunsch nach Freiheit« im Unterricht © Beltz Verlag · Weinheim und Basel

Die Ausdrucksweise des Ich-Erzählers Scharif ist durch das Präsens und Perfekt stark an der gesprochenen Sprache orientiert.

Der Eindruck des *mündlichen Erzählens* und die Orientierung an der *orientalischen Erzähltradition* dominieren den gesamten Roman. Der Erzähler verzögert immer wieder den Fortgang der Erzählung und erzeugt durch Voraus- und Andeutungen Spannung bei den Leser_innen. Prolepsen finden sich vor allem am Ende der meisten Kapitel. Prolepsen sind beispielsweise:

- »das mache ich bestimmt bei unserem nächsten Treffen …« (S. 28)
- »Aber davon erzähle ich dir das nächste Mal …« (S. 148)
- »Das erzähle ich noch.« (S. 224)

Rückblenden, die die Leser_innen aus der aktuellen Handlung herausreißen und erst später wieder in den Erzählfluss entlassen, baut der Erzähler geschickt ein:

- »Aber vielleicht muss ich erst die Vorgeschichte erzählen.« (S. 243)

Eben diese Auffälligkeiten von Einschüben und das Abschweifen des Erzählers weisen auf die orientalische Erzähltradition (vgl. »1001 Nacht«) hin. Die Aufzählung und Aneinanderreihung von Geschichten und Anekdoten dienen hier vor allem auch dazu, dem Erzähler Glaubwürdigkeit zu verleihen.

Der Autor verwendet viele *Vergleiche und Metaphern*. Diese bildhaften Umschreibungen geben den Leser_innen die Möglichkeit, das Gemeinte ohne umständliche Erklärungen besser zu verstehen und vor allem auch die gefühlsmäßige Bedeutung zu erfassen.

Vergleiche sind beispielsweise:

- »wie eineiige Zwillinge« (S. 20)
- »wie eine Kathedrale der Träume, ein Tempel der Sinnlichkeit« (S. 39)
- »wie eine schüchterne Schildkröte« (S. 63)

Themen und Motive

In Rafik Schamis Roman werden zahlreiche thematische Stränge kunstvoll miteinander verwebt. Im Mittelpunkt stehen die tiefe Freundschaft zwischen Scharif und Sami und der Befreiungsschlag der beiden Freunde aus den politischen Unruhen in Syrien. Sami steht dabei als jugendlicher Protagonist im Mittelpunkt, der mit seiner unbändigen Kraft einen Kampf gegen die Ungerechtigkeit führt.

Der Roman beinhaltet eine ausgewogene Mischung von spannenden und melancholischen Szenen. Dabei wird Sami als *Held* beschrieben, mit dem man sich gerne identifiziert. Und man könnte sich ausmalen, genauso stark, schön, tapfer oder klug zu sein. Sami wird vom Autor vielschichtig, tief und exakt im Charakter gezeichnet, sodass sich hier seine Stärken, aber auch seine Verletzlichkeiten und Schwächen zeigen. So zeigt Sami ein starkes Gefühl für Gerechtigkeit, mit dem er einerseits zu Hause gegen den gewalttätigen Vater kämpft und andererseits in der Schule Schwierigkeiten bekommt. Samis Wunsch nach Freiheit ist unbezwingbar. Der Jugendliche nimmt vieles in Kauf, um sein Leben nach eigenen Vorstellungen zu gestalten.

Ein großes Thema stellt in diesem Zusammenhang auch die Abgrenzung gegenüber dem Regime und der Erwachsenenwelt dar. Scharif beleuchtet kritisch das Verhalten der Erwachsenen, die sich der Politik beugen, und lässt die Leser_innen erkennen, dass das kritische Hinterfragen und der Glaube an seine eigenen Kräfte wichtig sind, um sich in einer ungerechten Welt zu behaupten.

Der Kontrast zwischen *Arm und Reich* bildet einen der Fäden, aus denen Rafik Schami kunstvoll seine Geschichte webt. Andere Fäden sind der Sinn für *(Un-)Gerechtigkeit*, der Sami schon früh – zum Beispiel in der Schule – aufbegehren lässt, was ihn immer wieder in Schwierigkeiten bringt, oder seine Bereitschaft, aus Liebe auch große Gefahren einzugehen. Schnell wird klar, dass äußerer und innerer Reichtum nicht immer miteinander einhergehen, wenn Scharif über den Postboten Elias, einen guten Freund der beiden Jungen, äußert: »Doch so arm er als Rentner lebte, so reich waren seine Geschichten und Abenteuer, die er als Postbote erlebte. ›Man klopft oder klingelt an eine Tür und schon öffnet sich eine Theaterbühne oder das Tor zur Hölle oder das Fenster zum Paradies. Es ist wie ein spannender Fortsetzungsroman, der nie zu Ende geht‹« (S. 22).

Auch Motive von *Heimat und Flucht*, des Sich-sicher-Fühlens und der Unsicherheit bis hin zum Verlust durchziehen die Geschichten. Nicht einmal die Schule bietet den Kindern Sicherheit, und auch nicht das elterliche Heim. Überall scheinen die Grenzen völlig aufgelöst und brüchig. In der Bindung zu anderen Menschen fehlt die Sicherheit, sich auf einen anderen verlassen zu können. Ausschließlich die Freundschaft der beiden Protagonisten zueinander und ihre Bindung zu ihren Müttern sind stabil und zuverlässig.

Wie in anderen Büchern Schamis beeindruckt auch hier die große Zahl vielfältiger, liebenswerter und schillernder Figuren – vom Postboten Elias über die Hebamme Sofia bis zum Straßenverkäufer Amin Schahin. Rafik Schami beschreibt vor allem die *Frauen* in seinem Roman als stark und in einer fast heroischen Rolle. So betont er immer wieder die einflussreiche Rolle von Samis und Scharifs Mutter, der Hebamme oder Apothekenhelferin sowie ihren Freundinnen: Szenen, die der Autor immer wieder dazu nutzt, über seine Achtung und Bewunderung gegenüber den syrischen Frauen zu schreiben.

Die Beschreibung der *syrischen Revolution* im Zuge des Arabischen Frühlings, die Grausamkeiten der *Diktatur* und die *Flucht* vieler Syrer nach Europa und die daraus resultierenden Probleme für alle Beteiligten sind zentrale Themen des Buchs. Eindrucksvoll wird das schreckliche Gesicht des Regimes in seinen diversen Facetten gezeigt. Gewalt, Willkür, Schweigen, Korruption und Brutalität prägen den Alltag in Syrien. Mit Einschüchterungen, Inhaftierungen, Folter, Bespitzelung und anderen Grausamkeiten haben der Präsident und sein Geheimdienst für ein ständiges Klima der Angst und stete Bedrohung gesorgt. Unter anderem am Schicksal des Straßenverkäufers, der eines Tages plötzlich verschwindet, um Wochen später völlig verunstaltet wiederaufzutauchen, wird die Grausamkeit und Willkür der syrischen Geheimdienste, die Menschen entführen, verhaften und foltern, deutlich gemacht.

Erschütternd und aufwühlend sind die Beschreibungen, die man als Leser_in kaum aushalten kann. Neben diesen traurigen Beschreibungen finden sich auch Augenblicke der Hoffnung und des Glücks sowie humorvolle Momente, die das Leseerlebnis erhöhen. Ein weiteres Motiv des Romans ist die *Musik*. Sie wird als Ausdrucksmittel von Gefühlen und als Flucht aus der schaurigen Außenwelt genutzt. So lernt Scharif das Lautespielen von Onkel Elias und verdient sich später im Exil damit sein Geld.

Ein wiederkehrendes Thema sind die *Freundschaften* und die emotionalen Bindungen der einzelnen Protagonisten zueinander. Scharifs Freundschaft zu Sami spielt dabei die bedeutendste Rolle: »Ich weiß nicht mehr, wann ich Sami kennengelernt habe. Ich war, seit ich denken kann, immer sein Freund. Wir wohnten in derselben Gasse. Unsere Wohnungen waren nicht einmal hundert Meter voneinander entfernt.« (S. 16) Doch es ist nicht nur die räumliche Nähe, die Scharif und Sami verbindet, über die gesagt wird, sie »seien die einzigen Zwillinge der Welt, die zur gleichen Stunde, aber von zwei verschiedenen Müttern zur Welt gebracht worden waren.« (S. 17) Die Freundschaft zu Onkel Elias ist für beide Jungen besonders wichtig. Für sie ist Elias nicht nur Meister und Freund, sondern – im Gegensatz zu den Vätern der beiden – ein Erwachsener, der ihnen Lebensfreude, Wertschätzung und vor allem Verständnis entgegenbringt.

Die einzelnen Themen des Buchs werden in Schamis Roman geschickt miteinander verknüpft und bieten viele Möglichkeiten für eine anspruchsvolle Arbeit mit der Lektüre im Unterricht.

DEUTUNGSPERSPEKTIVEN

u.4

Für den Roman ergeben die emotionale Verfassung der Hauptfiguren neben Fragen zu den Grausamkeiten des Regimes, dem Umgang mit Korruption, Vertrauen und Misstrauen eine zentrale Deutungsperspektive. Im Umgang mit Gefühlen werden positive Erlebnisse und Freude neben negativen und schmerzvollen Emotionen thematisiert.

Identifikationsmöglichkeiten für die Leser_innen bieten vielfältige entwicklungsrelevante Themen wie das Bedürfnis nach Halt und Anerkennung, Pubertät und der Wunsch, sich von Erwachsenen einerseits verstanden zu fühlen und sich andererseits von ihnen abzugrenzen, und nicht zuletzt die Auflehnung gegen Ungerechtigkeiten sowie gegen Gewalt und Unterdrückung des Geheimdienstes. Die einzelnen Episoden des Romas beleuchten eindrucksvoll die unterschiedlichsten Aspekte verschiedener Menschen in Syrien, zeigen, was Willkür eines Regimes bedeutet und wie die Menschen lernen, mit den Grausamkeiten der Geschehnisse umzugehen. Im Roman von Schami wird die Politik selbst zum Thema – nämlich das Dilemma einer Diktatur mit ihrem archaischen Verhältnis zu Macht und Gewalt sowie ihrer Korruptheit, mit der sie immer wieder neues Unheil sät. Denn das Regime findet keine Kontrolle mittels Verstand und Überzeugung, sondern ausschließlich durch Freiheitsberaubung, Gewaltausübung und unmenschliche Folterung bis hin zur Tötung.

Schamis Roman kann als politischer Roman gelesen werden, weil er gesellschaftliche und politische Zustände thematisiert und diese Zustände kritisch reflektiert. Syriens Präsident Baschar al-Assad nennt Schami im ganzen Roman kein einziges Mal. Aber die willkürlichen Festnahmen, die ständige Gewalt durch Staatsdiener und die Durchdringung der Gesellschaft mit Spitzeln beschreibt er im Detail. Somit kann der Roman durchaus moralisch gelesen werden. Schami öffnet dem Leser die Augen und legt den Fokus auf die Schicksale der Menschen, die Opfer eines unmenschliches Regimes geworden sind.

Zudem lässt sich der Roman auch als Entwicklungsroman lesen, in dem sich die Hauptfigur mit seiner Gesellschaft, in der er lebt, auseinandersetzen und sich seiner politischen Zugehörigkeit bewusst werden muss. Die jugendlichen Leser_innen können sich in weiten Teilen mit Scharif und Sami identifizieren, denn ihre Wünsche und Hoffnungen ähneln sehr denen von Jugendlichen hierzulande.

Schami wirft ethische und kulturelle Fragen auf, die ganz nah an pubertären Fragestellungen stehen und das Buch aktueller denn je machen. Denn abseits der aktuellen politischen Diskussion, die sich nur noch um die Begrenzung der Flüchtlingszahlen in Europa dreht, sollten wir auf die menschlichen Schicksale blicken, sollten uns um die Menschen bemühen, die ihre Heimat verloren haben.

u.5 METHODENKISTE

Im Folgenden sind Vorschläge für mögliche Arbeitsweisen mit Rafik Schamis Roman »Sami und der Wunsch nach Freiheit« im Unterricht aufgeführt. Im Vordergrund steht dabei die Verknüpfung mit anzustrebenden Kompetenzen im Deutschunterricht, wie sie in den Bildungsstandards des Fachs Deutsch zu finden sind. Zahlreiche methodische Möglichkeiten sprechen mehrere Bildungsstandards an. Häufig lassen sich auch evidente Bezüge zu den Bildungsstandards anderer Bereiche herstellen. Die methodischen Vorschläge stehen in Beziehung zu fächerübergreifender Arbeit, die je nach den Interessen und Lernvoraussetzungen der Schüler_innen eingesetzt werden kann. In fächerverbindender Perspektive werden vor allem die Entwicklung der Empathiefähigkeit sowie die Entwicklung sozialer Kompetenzen im Vordergrund stehen.

Bildungsstandards	Methoden	Beispiele
→ Verschiedene Lesetechniken beherrschen		
• Über grundlegende Lesefertigkeiten verfügen: flüssig, sinnbezogen, überfliegend, selektiv, navigierend lesen	• Ein Kapitel bzw. eine besonders wichtige, lustige oder spannende Stelle sinngestaltend vorlesen • Die Auswahl individuell begründen	• Die Befreiung der Gefangenen (Kap. 29) • Textstellen nach Wahl
	• Ein Kapitel überfliegend lesen und das Wichtigste erfassen	→ **k.2**
	• Einen Textteil mit verteilten Rollen lesen	• Girgis Beichte (Kap. 16)
	• Einen Textteil still erlesen	• Kapitel nach Wahl
	• Ein Kapitel selektiv nach einem bestimmten Aspekt lesen	• Merkmale der Hauptfiguren auffinden → **k.2**
	• Ein Kapitel oder einen Textabschnitt sinngestaltend vorlesen und aufnehmen	• Der Hammel des Direktors (Kap. 8) • Eine Kuh feiert nie den Tod ihres Kalbes (Kap. 25)

»Sami und der Wunsch nach Freiheit« im Unterricht © Beltz Verlag · Weinheim und Basel

Bildungsstandards	Methoden	Beispiele
→ Strategien zum Leseverstehen kennen und anwenden		
• Leseerwartungen und -erfahrungen bewusst nutzen	• Eine Mindmap / Ein Cluster mit Assoziationen erstellen (Impulse durch Titel, Umschlagbild, Klappentext, Autor)	• Freundschaft → **k.2** • Krieg in Syrien → **k.3** • Flucht und Heimat • Schule • Frauenrechte
	• Den historischen, soziokulturellen oder thematischen Hintergrund zum Roman recherchieren	• Krieg in Syrien / Diktatur und Demokratie → **i.4, i.5**
	• Bezüge zur eigenen Lebenswirklichkeit herstellen	• Schule in Syrien, Schule in Deutschland, Schule früher → **k.4** • Was bedeutet Freiheit? → **k.5** • Verliebtsein, Internet, Chats → **k.7**
• Wortbedeutungen klären	• Textbegriffe im Wörterbuch oder Lexikon nachschlagen	• Wörter wie *korrupt, lausig, Sadist, …* • Diktatur und Demokratie → **i.4**
• Textschemata erfassen, z. B. Textsorte, Aufbau des Textes	• Die Erzählkonstruktion analysieren	• Rückblenden im Roman auffinden → **k.5** • Vorausdeutungen im Roman auffinden → **k.5** • Äußere und innere Handlung
	• Parallelen und Unterschiede zwischen realem Hintergrund und Fiktionalisierung herausarbeiten	• Märchenbezug, Erzähltradition → **k.10** • Realen Bezug zum Erzählten im Vergleich zu fantastischen Elementen → **k.11**
• Verfahren zur Textstrukturierung kennen und selbstständig anwenden	• Textinhalte auffinden	• Mit dem Zeilometer arbeiten → **k.1**
	• Wesentliche Textstellen kennzeichnen (unterstreichen, Randmarkierung, farbig markieren, …)	• Merkmale der Hauptfiguren → **k.2** • Vergleich Geheimdienst mit der Stasi der ehemaligen DDR → **i.8**
	• Den Text gliedern	• Lebensgeschichte von Scharif → **k.5** • Tabellarische Kapitelübersicht → **i.3**
	• Zwischenüberschriften formulieren, sich darüber austauschen und diskutieren	• Lebensgeschichte von Scharif → **k.6** • Alternative Kapitelüberschriften zu einzelnen bzw. allen Kapiteln verfassen → **i.3**
	• Fragen aus dem Text ableiten und beantworten	• Warum flüchten Menschen? → **k.3** • Hat das Buch ein Happy End?
	• Bezüge zwischen Textteilen herstellen	• Lebensgeschichte von Scharif → **k.6**
• Verfahren zur Textaufnahme kennen und nutzen	• Aussagen erklären und konkretisieren	• Lebensgeschichte von Scharif → **k.6**
	• Einen Textabschnitt abschreiben	• Textstellen nach Wahl
	• Textabschnitte in Sätzen zusammenfassen	• Die Schule als Gegenwelt zu allem (Kap. 5) → **k.5** • Café der Taubstummen (Kap. 20) → **k.6**
	• Einen Handlungsstrang mit eigenen Worten beschreiben	• Vom Aufstand der Kinder (Kap. 30) → **k.9**
	• Eine wichtige Textstelle visualisieren	• Die Hauptfiguren • Die Gasse und das Wohnhaus in Damaskus • Die Schule als Gegenwelt zu allem (Kap. 5) → **k.5** • Szenen aus Kap. 25–31 → **k.7**
	• Fragen zum Text beantworten	• Kreuzworträtsel (Kap. 14) → **k.5**
	• Textaussagen erklären und konkretisieren	• Zitate aus Kap. 23 → **k.7**
	• Aussagen am Text überprüfen	• Flucht aus Syrien (Kap. 1) → **k.2** • Schule als Gegenwelt (Kap. 5 und 7) → **k.4** • Redeanteile aufsuchen (Kap. 26) → **k.8** • Aufstand der Kinder (Kap. 30) → **k.9**
	• Stichwörter formulieren und damit ein Kapitel nacherzählen	• Stichwörter zum ganzen Roman

Bildungsstandards	Methoden	Beispiele
→ Literarische Texte verstehen und nutzen		
• Ein Spektrum altersangemessener Werke – auch Jugendliteratur – bedeutender Autorinnen und Autoren kennen	• Den Autor, sein Leben und Werk näher kennenlernen	• Der Autor → **i.1** • Interview mit Rafik Schami → **i.2**
	• Weitere Werke des Autors kennenlernen	• Hinweise in → **i.1**
• Zusammenhänge zwischen Text, Entstehungszeit und Leben des Autors / der Autorin bei der Arbeit an Texten aus Gegenwart und Vergangenheit herstellen	• Mögliche Bezüge zwischen Autorenbiografie und Roman herstellen	• Biografie Rafik Schamis im Vergleich zur Hauptfigur Scharif → **k.2**
• Zentrale Inhalte erschließen	• Ein Unterrichtsgespräch zum Text anhand von Leitfragen führen	• Warum flüchten Menschen? → **k.3** • Wie war Schule früher, wie ist Schule in Deutschland und Syrien im Vergleich? → **k.4** • Warum lassen sich die Menschen unterdrücken? • Warum wehrt sich niemad? • Warum werden Menschen zu Spitzeln?
	• Einsatz anderer Medien / inhaltlich entsprechend orientierter Zusatztexte zur Erarbeitung der Romanthemen	• Einsatz des Hörbuchs im Unterricht, alternativ zum Lesen → **i.6** • Filme, Bücher, Zeitschriftenartikel und Internetquellen zu den Themen des Romans • Interview zum Thema *Flucht aus Syrien* mit Expert_innen führen
• Wesentliche Elemente eines Textes erfassen, z. B. Figuren, Raum- und Zeitdarstellung, Konfliktverlauf	• Den zeitlichen Aufbau des Romans erarbeiten und darstellen	• Kapitelübersicht zum Roman → **i.3** • Überblicksplakat zum Roman gestalten
	• Eine Figurenkonstellation / ein Soziogramm erarbeiten sowie die Beziehung zwischen Figuren herausarbeiten und charakterisieren	• Grafische Umsetzung der Figurenkonstellation • Figuren charakterisieren und in Beziehung setzen → **k.2**
	• Handlungsräume und Schauplätze analysieren, auch hinsichtlich der Symbolik	• Schule • Die Gasse / Das Armenviertel in Damaskus • Gefangenenlager
	• Ein Thema bzw. Motiv über den ganzen Roman hinweg verfolgen	• Flucht → **k.2** • Identität • Diktatur und Demokratie → **i.4** • Krieg in Syrien → **i.5** • Die Rolle der Frau in Syrien → **k.6**
• Wesentliche Fachbegriffe zur Erschließung von Literatur kennen und anwenden, insbesondere Erzähler, Erzählperspektive, Monolog, Dialog, sprachliche Bilder, Metapher, ...	• Den Erzähler und die Erzählposition identifizieren	• Wer erzählt hier was? • Autor/Erzähler (Kap. 1 und Kap. 35)
	• Die Erzählperspektive wechseln: eine Textstelle aus anderer Perspektive (z. B. aus der Ich-Perspektive) erzählen	• Aus Sicht der Jungen in Daraa schreiben → **k.9**
	• Leerstellen des Romans identifizieren und füllen	• Die Flucht von Sami nach Jordanien • Die Flucht von Nelly nach Kanada • Samis Verschwinden
	• Einen inneren Monolog einer Figur verfassen	• Tagebucheinträge der Figuren am Romanende
• Sprachliche Gestaltungsmittel in ihren Wirkungszusammenhängen und in ihrer historischen Bedingtheit erkennen, z. B. Wort-, Satz- und Gedankenfiguren, Bildsprache (Metaphern)	• Die Figurennamen, Schauplätze etc. (z. B. etymologisch) unter die Lupe nehmen	• Figurennamen: Scharif und Sami • Künstlermame: Rafik Schami • Internet als Ort der Freiheit und Emanzipation für Nelly
	• Stilaspekte untersuchen sowie sprachliche Bilder/Vergleiche/Metaphern im Text erkennen, ihre Bedeutung verstehen und über ihre Leistungen diskutieren	• Rückblenden auffinden • Zeitsprünge • Äußere und innere Handlung • Vergleiche und Metaphern im Roman auffinden • Metaphern zeichnen
	• Redeformen (Figurenrede, Erzählerrede) identifizieren	• Figurenrede in Kap. 26 auffinden → **k.8**

»Sami und der Wunsch nach Freiheit« im Unterricht © Beltz Verlag · Weinheim und Basel

Bildungsstandards	Methoden	Beispiele
• Eigene Deutungen des Textes entwickeln, am Text belegen und sich mit anderen darüber verständigen	• Eine kontroverse Disussion zu bestimmten Aspekten und Figuren führen	• Die Nachbarn als Spitzel • Der korrupte Vater
	• Eine Rezension zum Roman verfassen	• Rezensionen im Internet recherchieren • Eine eigene Rezesion verfassen
• Analytische Methoden anwenden, z. B. Texte untersuchen, vergleichen, kommentieren	• Einen Romanausschnitt aus seinen Teilen rekonstruieren	• Romananfang → **k.2** • Aufstand in Syrien → **k.9** • Kapitel nach Wahl
	• Figurenreden in Dialogpassagen farbig markieren	• Kapitel nach Wahl
	• Handlungsmotive einer Figur herausarbeiten	• Die Schüler rächen sich am sadistischen Mathelehrer → **k.4**
	• Eine gemeinsame Reflexion der Lektüre durchführen	• Feedback zum Roman → **k.11**
• Produktive Methoden anwenden	• Ein Lesetagebuch / Einen Leseordner etc. zum Roman führen	• Individuelle Einträge • Eigenes Cover
	• Eine Fotostory bzw. einen Comic zu einem Kapitel des Romans erstellen	• Comic zu Kap. 5, 6 oder 7 erstellen
	• Einen Steckbrief zu einer Figur erstellen	• Scharif • Sami • Nelly • Elias • Josephine
	• Einen fiktiven Dialog zwischen Romanfiguren verfassen	• Gespräch zwischen Elias und Sami
	• Einen fiktiven Chat / SMS-Dialog zwischen Romanfiguren verfassen	• Scharif und Nelly schreiben sich SMS → **k.7**
	• Die Geschichte weiterdenken und -schreiben	• Sami und Scharif treffen sich wieder (Kap. 35) • Scharif und Nelly treffen sich in Kanada • Scharif kehrt in seine Heimat Syrien zurück und trifft auf seine Eltern
	• Eine Textstelle umschreiben (z. B. aktualisieren, einen Handlungsaspekt verändern etc.)	• Der Rektor hätte erfahren, dass es nicht sein Lamm gewesen ist, das er zurückbekam (Kap. 7)
	• Standbilder oder pantomimische Szenen prägnanter Textstellen darstellen und erraten lassen	• Wettrennen gegen den Sohn der First Lady (Kap. 11) • Beerdigung der Tante Afifa (Kap. 19) • Sami wird bei der Ausgangssperre geschnappt (Kap. 24)
	• Einen Brief einer Figur an eine andere Figur verfassen	• Brief von Scharif aus dem Exil an Sami und Nelly • Brief von Scharif aus dem Exil an seine Eltern
	• Ein literarisches Rollenspiel z. B. zu einer Szene durchführen	• Verhör der Spitzel → **k.8** • Der sadistische Mathelehrer → **k.4**
	• Eine Gerichtsverhandlung spielen, in der eine Figur angeklagt ist	• Die Spitzel der Nachbaschaft werden angeklagt • Die Jungen von Daraa werden angeklagt
	• Einen Handlungsort malen, zeichnen oder nachbauen	• Die Gasse / Das Christenviertel in Damaskus • Das Gefangenenlager • Die Schule
	• Eine Bildcollage zu einem Textausschnitt oder zum Roman gestalten	• Krieg in Syrien und Flucht aus der Heimat • Schule heute und damals
• Handlungen, Verhaltensweisen und Verhaltensmotive bewerten	• Zu den Romanfiguren Stellung beziehen, ihr Handeln bewerten und kommentieren	• Onkel Burhan stellt sich gegen das Regime → **k.6**
	• Sympathie/Antipathie zu den Figuren thematisieren	• Figuren nach Sympathie ordnen

Bildungsstandards	Methoden	Beispiele
→ Sach- und Gebrauchstexte verstehen und nutzen		
• Hintergrundinformationen suchen, verstehen, auswerten und vergleichen	• Eine Collage erstellen	• Freundschaft • Krieg in Syrien
→ Medien verstehen und nutzen		
• Informationsmöglichkeiten nutzen: z.B. Informationen zu einem Thema/Problem in unterschiedlichen Medien suchen, vergleichen, auswählen und bewerten (Suchstrategien)	• Internet- und Buchrecherche zu Themen des Romans	• Stasi der ehemaligen DDR → **k.8** • Krieg in Syrien • Rolle der Frau in Syrien → **k.6** • Schule früher → **k.4**
• Medien zur Präsentation und ästhetischen Produktion nutzen	• Eine Powerpoint-Präsentation erstellen	• Krieg in Syrien, Daten und Entwicklung • Der Autor Rafik Schami • Flüchtlinge in Deutschland

u.6 VORSCHLAG FÜR EINE UNTERRICHTSEINHEIT

Jede Unterrichtseinheit zu einem Jugendroman nimmt sinnvollerweise Bezug auf die konkreten Lernvoraussetzungen Ihrer Schüler_innen, aber auch auf Ihre eigenen Erfahrungen und Planungsziele. Wir möchten Ihnen hier ein Grobraster für eine Unterrichtseinheit zu »Sami und der Wunsch nach Freiheit« vorstellen, dass nach dem Grundsatz »erschließend, nicht erschöpfend« vorgeht. Die Einheit besteht, unterstützt durch die Infoblätter und Kopiervorlagen aus diesem Heft, aus vier unterschiedlichen Modulen:

- Modul A: Den Roman lesen und erarbeiten
- Modul B: Thematische Aspekte bearbeiten
- Modul C: Projektorientiert mit dem Roman arbeiten
- Modul D: Die Lektüre reflektieren

Empfehlenswert ist der Einsatz eines Lesetagebuchs bzw. Leseordners. Hier finden eigene Gedanken und Notizen, aber auch im Unterricht erarbeitete Aspekte Platz und können immer wieder nachgeschlagen werden. Somit ist eine Sicherung der Ergebnisse gewährleistet. Außerdem bietet ein Lesetagebuch bzw. Leseordner den Vorteil, dass sich die Schüler_innen je nach ihren Interessen darin vertiefen können. Zusätzlich können die Arbeitsblätter darin abgelegt werden, sodass nach und nach ein persönliches »Lektürebuch« entsteht, das am Ende der Einheit als Grundlage für die individuelle Reflexion und auch für die Bewertung von Schülerleistungen genutzt werden kann.

Einstiegssequenz
(2–4 Unterrichtsstunden)

- Gemeinsames Betrachten des Buchcovers, Vermutungen zu Titel und Titelbild anstellen (Schauplatz, Zeit, Figuren)
- Assoziationen zum Klappentext stichwortartig auf einem Plakat als Mindmap sammeln und in der Klasse aufhängen
- Erstellen eines Zeilometers (→ **k.1**)
- Ein Lesetagebuch oder einen Leseordner anlegen (Titelbild selbst gestalten, Anlegen eines Inhalts- und Figurenverzeichnisses, Informationen zum Autor)
- Gemeinsames Lesen von Kapitel 1 und 2; Annäherung an die Hauptfiguren: Scharif, Sami und Elias

Modul A: Den Roman lesen und erarbeiten

- Lektüre der Erzählung teils häuslich (z.B. mit Notizen ins Lesetagebuch/in den Leseordner oder ins Deutschheft), teils im Unterricht (Vorlesen durch Lehrer_in und Schüler_innen, stille/freie Lesephasen)
- Schwerpunktmäßige Bearbeitung des Romans mithilfe der Kopiervorlagen (→ **k.2** bis **k.9**)
- Weitere Anregungen aus der »Methodenkiste« in diesem Heft (→ **u.5**)

Modul B: Thematische Aspekte bearbeiten

- Weiterführende Quellen und Materialien zum Beispiel zu den Themen
  - Freundschaft
  - Flucht/Heimat
  - Syrienkonflikt
  - Tod, Trauer, Verlust
  - Gewalt und Folter
  - Fremde Kulturen
- Präsentation der Arbeitsergebnisse, z. B. durch Plakatvortrag, digitale Präsentation, Wandzeitung, Rollenspiel oder andere Formen.

Modul C: Projektorientiert mit dem Roman arbeiten

- An unterschiedlichen, selbst gewählten Themen in Einzel-, Partner- bzw. Gruppenarbeit arbeiten
- Bearbeitung der Kopiervorlagen, die nicht in Modul A und B eingesetzt wurden
- Weitere Anregungen aus der »Methodenkiste« in diesem Heft (→ **u.5**)
- Präsentation von Arbeitsergebnissen (s. o.)

Modul D: Die Lektüre reflektieren

- Präsentation von Arbeitsergebnissen aus den Lesetagebüchern bzw. Leseordnern
- Verfassen einer Rezension zum Roman (z. B. als Lernzielkontrolle)
- Abschließendes Gespräch über die subjektiven Leseeindrücke und Bewertungen der Schüler_innen anhand des Feedback-Bogens (→ **k.10**)

Einsatz des Hörbuchs / Lesen durch Hören

Eine weitere Möglichkeit ist es, das Buch vorzulesen und die Schüler_innen mitlesen zu lassen. Die Schüler_innen können sich so gut auf den Text konzentrieren. Das gekonnte Vorlesen des Sprechers erleichtert zudem das Textverstehen.

Infoblätter

© Root Leeb

i.1 DER AUTOR RAFIK SCHAMI

Der Autor Rafik Schami wurde 1946 in Damaskus geboren. Schamis bürgerlicher Name lautet Suheil Fadel, das Pseudonym »Rafik Schami« bedeutete »Damaszener Freund«. Schon mit neunzehn Jahren schrieb Schami Texte und Bücher. Er gründete seine eigene Zeitung. Von 1966 bis 1969 war er Herausgeber und Mitautor der Wandzeitung »Al-Muntalak« im alten Viertel von Damaskus. 1970 floh Schami vor Militärdienst und Zensur aus Syrien in den Libanon und kam von dort 1971 nach Deutschland. In Heidelberg studierte er Chemie. Neben seinem Studium arbeitete Schami aushilfsweise in Fabriken, Kaufhäusern, Restaurants und auf Baustellen. Er promovierte 1979 und arbeitete zunächst in seinem studierten Beruf. Nebenher veröffentlichte er zahlreiche arabische Texte und schrieb ab 1977 auch in deutscher Sprache. 1980 gründete er gemeinsam mit anderen Autor_innen die Literaturgruppe Südwind und den PoLiKunst-Verein. Seit 1982 ist er freier Schriftsteller und lebt in Marnheim/Pfalz. 1991 heiratete er die Zeichnerin Root Leeb, die viele seiner Werke illustrierte. Sie haben einen gemeinsamen Sohn. Rafik Schami gehört zu den erfolgreichsten Autoren deutscher Sprache.

Auszeichnungen

Für seine literarischen Werke erhielt Rafik Schami viele wichtige Auszeichnungen, u. a. den Adalbert-von-Chamisso-Preis, Hermann-Hesse-Preis, den Tüddelbandpreis, den Preis der Stiftung Bibel & Kultur und den großen Preis der Akademie für Kinder- und Jugendliteratur. Außerdem wurde der Roman »Eine Hand voller Sterne« in Wien für »Eine Stadt, ein Buch« (2011) und in Köln für »Ein Buch für die Stadt« (2015) ausgewählt. Sein Werk wurde in 30 Sprachen übersetzt. Seit 2002 ist Rafik Schami Mitglied der Bayerischen Akademie der Schönen Künste. Für seinen Jugendroman: »Schami und der Wunsch nach Freiheit« erhielt der folgende Preise:

- Gustav-Heinemann-Friedenspreis 2018
- Friedolin 2018 der Stiftung Weltethos
- Favorit der Leipziger Jugend-Literatur-Jury 2018
- Die Erzählung »Die Narbe des Hammels« aus »Sami und der Wunsch nach Freiheit« wurde mit dem Georg-K.-Glaser-Preis 2011 ausgezeichnet.

Homepage

- www.rafik-schami.de

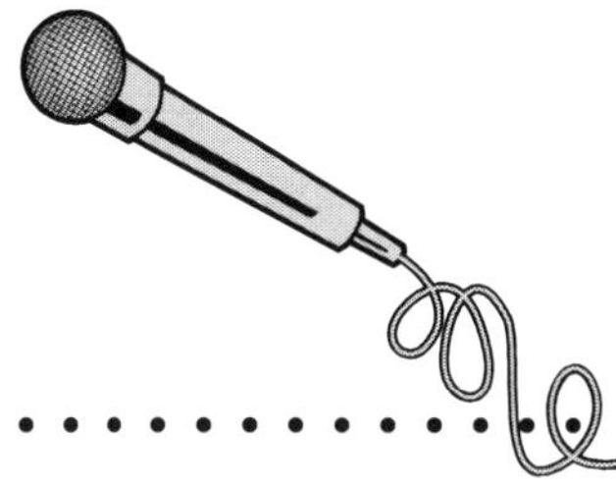

INTERVIEW MIT RAFIK SCHAMI: »SAMI WAR GENAU DER RICHTIGE HELD«

i.2

Rafik Schami über seine Idee zum Roman, das fehlende Happy End und seine Lieblingsstelle

Lieber Herr Schami, mögen Sie selbst gerne Quittengelee?

Ja, sehr, deshalb habe ich im Garten zwei Quittenbäume.

Was war für Sie Auslöser, diesen Roman zu schreiben?

Die Begegnung mit jugendlichen Flüchtlingen aus Syrien.

Welche ist Ihre Lieblingsstelle im Buch?

Kapitel 33 (S. 306–313), in dem eine Mutter im Gefängnis ihrem neugeborenen Kind in absoluter Dunkelheit die Welt erklärt.

Wieso haben Sie einen Jungen und kein Mädchen als Protagonisten gewählt?

Die Handlung eines Romans diktiert mir die Person, die sie am besten durchführen kann. In meinem Roman »Sophia« war es eine Frau. Hier war Sami genau der richtige Held.

In Ihrem Roman beschreiben Sie die Frauen an der Seite der Männer als stark und liebevoll. Welche Rolle hat die Frau in Syrien? Aktuell und damals?

Ich habe das Glück, solche Frauen kennengelernt zu haben. Die Frauen haben im Widerstand gegen die Diktatur Schulter an Schulter mit den Männern gekämpft. Das verlangt doppelt so viel Mut, da die Gesellschaft und die Sippe repressiv gegen die Frauen sind.

Möchten Sie, dass man Ihren Roman politisch liest? Und wie wünschen Sie sich die Reaktionen der Kinder auf Ihr Buch?

Nein, der Roman ist eine spannende Geschichte und ich hoffe immer, dass so ein Roman den jungen Leser_innen ihre Kamerad_innen in der Dritten Welt näherbringt. Das ist die erste Voraussetzung für Solidarität.

Für sensible Kinder könnte das Thema des Romans auch etwas Beängstigendes haben. Zumal es kein Happy End gibt. Denken Sie, dass Literatur auch Gefühle wie Angst erwecken muss, sollte oder darf?

Nein, aber die Literatur, die sich einem Happy End verpflichtet, ist eine sehr schlechte. Lieber ein offenes Ende. Immerhin sind beide Helden entkommen. Das ist Glück genug!

Scharif und sein Freund Sami wachsen im christlichen Viertel in Damaskus auf. Wie viel Ihrer eigenen Kindheit steckt in der Geschichte?

Viel, wie in all meinen Romanen.

Ein verstecktes Thema im Buch ist für mich auch die Kraft des Schreibens und des künstlerischen Ausdrucks im Allgemeinen. Wie sehen Sie das? Was kann Schreiben für Sie? Was kann es vielleicht viel besser oder ganz anders als Reden?

Weil das Schreiben anders als das Reden Gedanken festhält und sich Ideen so bewusster formulieren lassen. Dadurch prägen sich die Themen viel besser ein. Auch deshalb bin ich ein Anhänger der Handschrift in der Grundschule.

In unserer Schule kamen im Laufe der letzten zwei Jahre einige Flüchtlingskinder aus Syrien. Kinder nehmen Wirklichkeit anders wahr als wir Erwachsene. Sie leben im Hier und Jetzt. Was glauben Sie, wie lesen die Kinder und Jugendlichen, die selbst in Damaskus gelebt haben, ihren Roman?

Inzwischen begegne ich solchen Jugendlichen auf meinen Tourneen. Sie finden meine Darstellung richtig und wundern sich, wie jemand das alles von hier aus beschreiben kann.

Kinder sind die »wahren Verlierer des Krieges«. Warum ist das so?

Das habe ich erst durch jahrzehntelange Beobachtung formuliert. Die Kinder werden mehr als die Erwachsenen traumatisiert. Sie verlieren den schönsten Teil ihres Lebens, nämlich die Kindheit. Sie müssen flüchten, hungern und Beschimpfungen und Demütigungen ertragen, müssen in schäbigen Flüchtlingslagern leben und zu allem Übel auch noch Jahre der Bildung aussetzen. Es gibt Kinder, die seit Jahren nicht mehr in die Schule gehen können.

Der von Ihnen mitgegründete Verein »Schams« (dt. Sonne) unterstützt Kinder und Jugendliche in den Flüchtlingslagern. Wie werden die Kinder konkret unterstützt?

Wir betreuen inzwischen 1500 Kinder. Wir ermöglichen ihnen Schule, Bücher, Lebensmittel, Kleider, Spielzeug, therapeutische Betreuung und wir zahlen die Gehälter für Lehrer_innen, Therapeut_innen und Helfer_innen (weitere Infos unter: http://www.schams.org/).

Sie waren seit mehr als vierzig Jahren nicht mehr in Syrien. Ihre Werke sind dort bis heute verboten. Die Kinder meiner Klasse konnten das nicht verstehen, denn ihre Bücher seien ja nur Geschichten?! Würden Sie gerne zurückkehren?

Jahrzehntelang habe ich davon geträumt. Heute hoffe ich nicht mehr. Warum Geschichten verboten werden? Weil sie die Würde, die Freiheit, die Demokratie, die Rechte der Frau und die Kinder spannend verteidigen ... also all das, was die Diktatur hasst.

An welchen neuen Projekten arbeiten sie gerade? Auf welche Bücher von Ihnen dürfen wir uns in Kürze freuen?

Zurzeit bin ich auf einer langen Tournee mit 110 Veranstaltungen bis Ende April 2020. Momentan überlege ich mir einige mögliche Geschichten, aber die verrate ich nicht.

Vielen Dank für das Interview!

Interview: Anja Schirmer, Marc Böhmann (Oktober 2019)

»Sami und der Wunsch nach Freiheit« im Unterricht © Beltz Verlag · Weinheim und Basel

Tabellarische Kapitelübersicht

i.3

Kapitel	Seite	Inhalt
1. Kapitel Scharif – oder: Wie man durch Zufall zu Geschichten kommt	7–15	Einleitung Rafik Schami berichtet von seiner ersten Begegnung mit dem schüchternen Scharif Surur, dem Informatiker und Musiker, der aus Damaskus floh. Er lernt ihn am 11. Dezember 2012 bei Freunden, Klaus und Franziska, kennen. Das Ehepaar lernte Scharif in der Gemeinde kennen. Scharif floh im Oktober 2011 über Umwege von Damaskus über die Türkei nach Deutschland. Im Mai bekam er nach drei Monaten Wartezeit Asyl in der Pfalz. Eines Tages bekommt Schami eine E-Mail von Scharif, in der er ihm anbietet, die Geschichte seines Freundes Sami zu erzählen. Sie treffen sich.
2. Kapitel Zwillinge von zwei Müttern – oder: Wie Freundschaften entstehen	16–28	Scharif beginnt zu erzählen. Er lernt Sami kennen, da die Mütter befreundet und die Väter beide Polizisten waren. Sie wohnen in der gleichen Gasse in Damaskus und sind unzertrennlich. Scharif lebt in einem großen Haus mit mehreren Mietparteien. Er kommt aus eher armen Verhältnissen. Elias, der Postbote, Onkel und Meister von Scharif, spielt immer Laute. Man erfährt, dass Scharifs Vater nicht Mitglied der Partei ist.
3. Kapitel Samis Katze – oder: Wie ein kleiner Junge einen Koloss besiegte	29–37	Sami lebt hingegen im Gnadenhof, in dem die ärmsten Christen lebten. Sein Vater trinkt viel Alkohol und ist ein Grobian. Samis Körper ist übersät mit Narben. Zum einen, weil er viele gefährliche Abenteuer erlebt und sich häufig verletzt, zum anderen aber auch, weil sein volltrunkener Vater ihn schlägt. Als der Vater die Mutter im Hof mit einem Stock schlägt, greift Sami ein und verteidigt sie. Er schreit so laut, dass alle um ihn herum erschrecken. Auch der Vater, der von da an von der Mutter ablässt.
4. Kapitel Dort, wo die Zeit wohnt – oder: Die Vertreibung aus dem Paradies	38–42	Scharif erzählt von den Besuchen im Hamam, die für ihn wie ein Paradies waren, wie der Eintritt in eine Traumwelt, in der es keine Unterschiede zwischen den Menschen gab. Mit der Pubertät mussten Sami und er allerdings ins Männer-Hamam.
5. Kapitel Eine Kaserne namens Schule – oder: Von schwarzen und weißen Syrern	43–52	Sami und Scharif besuchen eine Jungenschule, in der sie politisch gedrillt werden und dem Präsidenten huldigen müssen. Scharif beklagt das stupide Auswendiglernen ohne Vermittlung von Weltwissen oder einer kritischen Haltung. Als der Mitschüler Marwan mit einem Witz Kritik an der Diktatur übt, wird er verhaftet und gefoltert. Seine Familie wandert daraufhin aus. Scharif sieht Bildung als Ticket aus der Armut. Scharifs Erzfeind ist der Sohn des Direktors, der sich alles erlaubt und ihm seine Pausenbrote stiehlt, um sie dann einfach wegzuschmeißen. Jahre später erfährt er, dass gerade dieser Junge bei einem Motorradunfall ums Leben kommt. Samis Katze wird überfahren.
6. Kapitel Warum eine Narbe »Quittengelee« heißt – oder: Für wen Sami alles riskierte	53–61	Scharif erzählt, dass Sami zwei Schwestern hat: die Zwillinge Fadia und Nadia. Eines Tages stehen Sami und Scharif zusammen mit anderen Kindern vor dem großen Gartentor des reichen Händlers Sedawi. Adnan, ein reicher Junge, schmeißt seine Stulle mit Quittengelee über den Zaun in den Garten und Sami, bei dem es solch einen Luxus nicht gibt, beschließt, das Brot für seine Schwestern zu holen. Zwei Wachhunde schnappen nach ihm und er reißt sich die rechte Wade am Stacheldraht auf. Scharif und Sami lassen die Wunde von der netten Apothekengehilfin Barbara verbinden.
7. Kapitel Schafe bedienen nie den Metzger – oder: Vom Leid, ein entrechteter Schüler zu sein	62–67	Scharif beschreibt die Schule als Gegenwelt zu allem, was Freiheit bedeutet. Die Lehrer sind sadistisch und Schläge normal. Vor allem der Mathematiklehrer neigt zu sadistischen Bestrafungsideen. Der Schlimmste ist aber der militärische Ausbilder. Scharif erzählt weiter, dass alle, auch er, die das Regime und den Präsidenten nicht ehren, bestraft werden. Selbst eine kleine Maus auf einem Bild neben der Fahnenstange reichte aus, um den Schlagstock zu fürchten.
8. Kapitel Der Hammel des Direktors – oder: Warum keiner Sami ärgern durfte	68–80	Basil, Samis Vater, ist ein korrupter Polizist, der im Gefängnis arbeitet. Sami und Scharif werden häufig von anderen Mitschülern drangsaliert. Eines Tages bittet der Schuldirektor Sami, das Lamm, das er geschenkt bekommen und im Sommer schlachten möchte, mit nach Hause zu nehmen und sich darum zu kümmern. Sami wird der Liebling des Rektors. Kurz vor den Sommerferien offenbart allerdings Samis Vater, das Lamm längst mit Freunden verspeist zu haben. Eine Welt bricht für Sami zusammen. Mit Scharif heckt er einen Plan aus und klaut einen großen Hammel, um die Tat des Vaters zu vertuschen.

Kapitel	Seite	Inhalt
9. Kapitel Ausflug mit Folgen – oder: Wie ein Plan ins Chaos führt	81–85	Es ist April. Der Rektor verspricht, einen Ausflug mit den Kindern zu machen, und bittet sie, alle fein angezogen zur Schule zu kommen. Doch der Ausflug entpuppt sich als eine Zusammenkunft aller Schüler auf dem Marktplatz, um dem Präsidenten zu huldigen.
10. Kapitel Der Preis der Fotografie – oder: Das Elend schminken	86–94	Sami erzählt Scharif von einem Fotowettbewerb: Das schönste Foto einer glücklichen Familie sollte 100 Lira gewinnen. Ein Fotograf kommt in die Siedlung und versucht, ein Bild der großen Familie zu machen. Das Bild misslingt und Samis Onkel weigert sich, das Bild abzukaufen. Es entfacht ein Streit und die Polizei muss eingreifen.
11. Kapitel Ein Wettrennen der besonderen Art – oder: Warum ein Sieger verschwand	95–99	Die First Lady besucht das Sportfest der Schule. Sadik, ein Junge aus ärmsten Verhältnissen, gewinnt mehrere Disziplinen im Laufen. Das Preisgeld von tausend Lira gehört eigentlich ihm. Doch dann soll er gegen den Sohn des Präsidenten antreten. Sadik gewinnt mit großem Abstand. Daraufhin wird er von zwei Männern aus dem Stadion gebracht. Es wird behauptet, dass er sich übernommen habe, und die Goldmedaille bekommt ein anderer.
12. Kapitel Die Strafe – oder: Wie man Lehrer erzieht	100–110	Einige Schüler der Klasse haben die Hausaufgaben vergessen und die Klasse erhält eine Kollektivstrafe. Jeder musste büßen. Auch Sami, obwohl er die Aufgaben erledigt hatte. Er wird nach Hause geschickt und bekommt eine Woche Schulausschluss. Diese Gemeinheit des Lehrers wollen die Schüler nicht akzeptieren und schmieden einen teuflischen Plan: Sie ignorieren den Lehrer Sabadani und behandeln ihn wie Luft. Der Plan geht auf und er holt Sami in die Schule zurück.
13. Kapitel Die Narbe der Liebe – oder: Wie Liebe als Verbrechen missverstanden wird	111–115	Sami ist in Amira verliebt. Im Hammam lauscht Amira seinen Geschichten und sie laufen Hand in Hand. Doch zwei Jahre später nach den Sommerferien ist Amira verändert und die Liebe aus. Sami erfährt, dass ihre Eltern sie mit dem Cousin, der sieben Jahre älter ist, verlobt haben. Einmal noch geht Sami mit ihr Eis essen. Zwei Männer überfallen Sami und drohen ihm, die Hände von ihr zu lassen.
14. Kapitel Der Traum der Raupe – oder: Wie man Hoffnungen zerstört	116–123	In der siebten Klasse muss Scharif eine Geschichte zum Thema *Ich will frei sein.* für die Schülerzeitung schreiben. Doch die Zeitung wird aus politischen Gründen boykottiert und der Lehrer entlassen. Das Gleiche geschieht in der zehnten Klasse nach der Aufführung eines Theaterstücks mit kritischem Inhalt über Wahrheit und Lüge. Auch dieser engagierte Lehrer wird verhaftet und verschwindet. Scharif erzählt, dass er sich dann dem Schreiben abgewandt hat und sich für Computer interessierte.
15. Kapitel Der Taschentrickser und der Spieler – oder: Wie man zu einem Brot kommt	124–130	Sami und Scharif laden Onkel Elias zum Essen ein und schauen einem Taschentrickser zu.
16. Kapitel Girgis Beichte – oder: Wenn eine Strafe Freude macht	131–136	Sami und Scharif erhalten eine Strafe vom Pfarrer Markos und sollen der Putzfrau helfen. Sie lauschen den Beichten der Leute.
17. Kapitel Die Prophezeiung des Süßigkeitenverkäufers – oder: Warum ein Chinese von Erdbeben sprach	137–148	Im März 2011 bricht der Aufstand der Syrer aus. Kinder in der Stadt Daraa zetteln den Aufstand an. Sie wollen keine Diktatur mehr. Hassan, der Süßigkeitenverkäufer, hatte das vorausgesagt. Doch keiner glaubte ihm damals. 2008 flüchtete Hassan in den Irak. Später erfährt man, dass er in Bagdad erschossen wurde.
18. Kapitel Tränen melken – oder: Der Kitsch von Gut und Böse	149–159	Scharif erzählt von Onkel Elias und seiner Vorliebe für das Kino und kitschige Liebesfilme, die ihn zum Weinen bringen.

»Sami und der Wunsch nach Freiheit« im Unterricht © Beltz Verlag · Weinheim und Basel

Kapitel	Seite	Inhalt
19. Kapitel Nelly – oder: Die ersten Regungen des Herzens	160–164	Scharif erzählt von seiner ersten Liebe Nelly, die er mit dreizehn zum ersten Mal sieht. Er lernt sie bei der Beerdigung ihrer Tante Afifia kennen. Nelly bittet Scharif, bei ihr zu bleiben, als sie neben den Sarg tritt. Sie treffen sich jede Woche in einem Café.
20. Kapitel Café der Taubstummen – oder: Wie man sich wortlos wehren kann	165–177	Scharif erzählt von Samis Onkel Burhan, der taubstumm ist, und seiner Mutter Raschide, die nach dem Tod ihres Mannes Burhan alleine großzieht. Burhan eröffnete ein Café für Taubstumme, das ein großer Erfolg wird. Sein Café steht auch Frauen offen. Burhan hasst die Diktatur. Viele seiner Gäste tun dies auch. Selbst den Spitzel des Geheimdienstes schafft Burhan, aus seinem Café zu vertreiben. Er ist ein Held. Nelly bekommt ihren ersten Kuss von Scharif.
21. Kapitel Die Tätowierung – oder: Von einer merkwürdigen Verwandlung	178–188	Scharif erzählt von Samis Onkel Simon, der zum Scheich erwählt wurde. Er verdient zuerst sein Geld als Sportreporter, tätowiert sich dann das Bild des Präsidenten auf seinen Körper und wird damit berühmt und zu einer lebenden Attraktion. Nachdem er immer dicker wurde, sah das Gesicht wie eine Karikatur aus und er wird wegen Beleidigung des Präsidenten verhaftet. Noch im Gefängnis tritt er zum Islam über und lebt nun als Scheich.
22. Kapitel Das Erwachen – oder: Als Amin seine Mutter verteidigte	189–198	Scharif erzählt von Amin Schahin, dem Straßenverkäufer und engen Freund von Onkel Elias. Eines Tages verschwindet Amin für einen Monat. Als er zurückkommt, ist er kaum wiederzuerkennen und sein Gesicht entstellt. Er wurde vom Geheimdienst gefoltert, weil er einen betrunkenen Generalssohn davon abhielt, auf Passanten einzuschlagen.
23. Kapitel Rettende Liebe – oder: Warum manche Kinder schnell erwachsen werden	199–209	Scharif erzählt von Nelly, seiner Freundin, die in einem gefühlskalten Haushalt lebt und nicht nach draußen darf. Als ihr Bruder ihr das alte Laptop überlässt, wird sie zu einer Computerspezialistin und das Internet ihre Befreiung. Sie bildet sich politisch fort und beeinflusst Scharif politisch sehr. Sie kritisiert das Regime und auch den Umgang mit Frauen in der Gesellschaft.
24. Kapitel Ein Schutzengel im Pyjama – oder: Eine Narbe zu später Stunde	210–220	Plötzlich wird eine nächtliche Ausgangssperre verhängt. Sami geht trotzdem zu seiner geliebten, kranken Cousine. Als er nach Hause zurückkehren will, wird er vom Militär geschnappt. Sie wollen ihn mitnehmen, was die Todesstrafe bedeuten würde. Aber ein Nachbar hilft ihm. Er ist der Cousin des Offiziers.
25. Kapitel Eine Kuh feiert nie den Tod ihres Kalbes – oder: Eine kranke Gemeinschaft	221–229	Scharif berichtet, wie es dazu kam, dass er Informatiker wurde und sich so gut mit Computern auskennt. Er jobbte in verschiedenen Computerläden und bekam dann auch kleine Reparaturaufgaben. In der neunten Klasse verdiente er so gut, dass er und Sami sich einen Laptop kaufen konnten. Beide reparierten und verkauften Computer und galten in der Oberschule als Internetspezialisten. Nebenbei erzählt er noch von der Beerdigung eines Nachbarn, dessen Mutter ihn als Märtyrer feiert. Er starb im Kampf mit einem Palästinenser. Beide waren Muslime. Scharif und Sami sind über die Reaktion der Mutter und der Gemeinschaft entsetzt.
26. Kapitel Der große Verlust – oder: Von den Folgen einer Verleumdung	230–242	Onkel Elias verliebt sich in Lamis. Die Familie wendet sich von Elias ab, da Lamis ein bewegtes Leben hatte. Sami und Scharif halten zu ihm. Doch plötzlich, nach einer Razzia, finden die Offiziere Haschisch bei Elias. Lamis und er werden abgeführt. Sami versucht, Elias zu verteidigen, und wird von der Polizei geschlagen. Lamis wird nach Tagen wieder freigelassen. Nelly hilft Onkel Elias und die Spitzel, die Elias das Haschisch in die Wohnung geschmuggelt hatten, werden bestraft. Elias kommt frei. Doch Lamis will nichts mehr mit ihm zu tun haben. Elias verstirbt an gebrochenem Herzen.
27. Kapitel Der Auftrag – oder: Wie Sami zu einem lebensgefährlichen Auftrag kam	243–256	Sami ist unsterblich in Josephine verliebt – eine Liebe, die Sami geheim halten musste. Josephines Bruder Luca verschwindet eines Tages und alle vermuten, dass er vom Geheimdienst gefangen gehalten wird. Josephine bittet Sami, ihr zu helfen, ihren Bruder zu befreien. Sami will Luca finden und ihn nach Hause bringen. Scharif und er ziehen los.
28. Kapitel Unterwegs mit Schmugglern – oder: Die Fahrt ins Unbekannte	257–268	Scharif und Sami fahren nach Palmyra, um Luca zu befreien. Dort soll sich das Gefangenenlager befinden. Eine Wirtin vermittelt ihnen einen Helfer: Hamad. Samir und Scharif arbeiten eine Weile als Schmuggler, um die Hilfe zu bekommen, die sie brauchen, um Luca zu befreien.

Kapitel	Seite	Inhalt
29. Kapitel Das große Geschenk – oder: Die Befreiung der Unschuldigen	269–279	Hamads Vater und die Schmuggler beschließen, einen Tunnel zu graben. Luca wird über Schmugglergut im Gefängnis über den Plan informiert. In der Nacht kommen siebzig Gefangene und Luca über den Tunnel ins Freie. Sami benachrichtigt Josephine. Die Familien feiern ein großes Fest.
30. Kapitel Die Narbe der Freiheit – oder: Vom Aufstand der Kinder	280–286	Der Aufstand in Syrien beginnt. In der Nacht vom 16. Februar 2011 rebellieren die Jugendlichen gegen die Diktatur und besprühen Hauswände. Sie werden verhaftet und gefoltert. Die Eltern und tausende andere Menschen demonstrieren und rufen zum Widerstand auf. Sie fordern die Befreiung der Kinder. Sami und Scharif sind bei den Demonstrationen dabei.
31. Kapitel Im Untergrund – oder: Von der unsichtbaren Narbe	287–300	Der Aufstand setzt immer mehr Menschen in Bewegung. Sami und Scharif studieren Informatik und Sami trifft Josephine fast täglich. Scharif und Sami sind politisch sehr aktiv und im Untergrund tätig. Sie sind Autoren eines Internetblogs der Aufständischen. Josephine trennt sich von Sami.
32. Kapitel Samis Flucht – oder: Das Leben ist eine Kette aus Trennungen	301–305	Sami, Nelly und Scharif wurden vom Geheimdienst als Aufständische gesucht. Sami verschwindet eines Tages. Nellys Eltern holen ihre Tochter zu sich. Luca und Scharif finden Unterschlupf in einer Klinik. Eine Krankenschwester hilft, den Kontakt zu Nelly und Sami herzustellen. Bomben fallen über das Krankenhaus.
33. Kapitel Das Kind und der Wärter – oder: Ein Gott der Dunkelheit	306–313	Scharif erzählt von der Gefangenschaft Lucas. Frauen wurden im Gefängnis noch härter bestraft als die Männer.
34. Kapitel Die Angst in der Muttermilch – oder: Vom Mitleid der Kinder mit ihren Eltern	314–320	Scharif erzählt von seiner Flucht, vom Leben in Syrien und von den Ungerechtigkeiten.
35. Kapitel Die Tür aufstoßen – oder: Eine gute Geschichte endet nicht	321–326	Rafik Schami berichtet, dass die Begegnung mit Scharif nun vier Jahre her ist. Er erzählt von seinen Gefühlen und Gedanken über das Erzählte. Scharif wandert zu Nelly nach Kanada aus und im Januar 2013 hat Scharif zum ersten Mal Kontakt zu Sami, der mittlerweile in einem jordanischen Flüchtlingslager arbeitet.

DIKTATUR UND DEMOKRATIE (INFOTEXTE) i.4

Diktatur

Die Diktatur (von lateinisch *dictatura*) ist eine Herrschaftsform, die sich durch eine einzelne regierende Person, den Diktator, oder eine regierende Gruppe von Personen (z. B. Partei) mit weitreichender bis unbeschränkter politischer Macht auszeichnet.

Heute wird der Begriff zur Beschreibung einer Gewaltherrschaft verwendet.

Eine Diktatur ist genau das Gegenteil von Demokratie: Nicht die Mehrheit des Volkes bestimmt, sondern einige wenige, zum Beispiel eine einzige Partei oder sogar nur eine einzelne Person: der Diktator (wie zum Beispiel Adolf Hitler).

Gegner des diktatorischen Regimes werden verfolgt. Viele Menschen, die in einer Diktatur leben, haben Wut und Angst, können ihre Meinung aber nicht frei sagen. Wenn sie es doch tun, werden sie gefangen genommen, oft verschleppt, ins Gefängnis oder in Arbeitslager gebracht. Immer wieder hört man, dass Gefangene gefoltert und umgebracht werden. Manchmal werden die Familien der Opfer jahrelang nicht darüber informiert, was mit den Gefangenen passiert.

Demokratie

Im Gegensatz zur Diktatur bestimmt bei einer Demokratie die Mehrheit eines Volkes.

Die Demokratie ist eine Art, wie ein Staat organisiert und regiert wird. Das Wort kommt aus dem Griechischen und heißt »Herrschaft des Volkes«. Die Leute wählen das Parlament, das die Gesetze macht, und die Regierung, welche die Gesetze anwendet und bestimmt, was im Land geschieht.

In einer Demokratie beschützt der Staat die Rechte der Menschen, sodass sie wirklich frei entscheiden können, auch wenn sie verschiedene Meinungen haben. Zudem gelten für alle Menschen die Menschenrechte. Auch Kinder haben schon Rechte.

KRIEG IN SYRIEN (INFOTEXT) i.5

Syrien ist ein Land, das in Asien liegt, südlich der Türkei. Die Region wird auch als Naher Osten bezeichnet. Mit rund 185.000 km² ist Syrien ungefähr halb so groß wie Deutschland. Im Jahr 2010 lebten knapp 21 Mio. Menschen im Land, die meisten in Aleppo, der Hauptstadtregion von Damaskus.

Ab März 2011 kam es zu Protesten gegen die syrische Regierung Assads, die Merkmale einer Diktatur aufzeigt (vgl. **i.3**). Die Menschen forderten mehr Rechte, Freiheit und Arbeit. Aus diesen friedlichen Demonstrationen hat sich 2011 in **Syrien** ein Bürgerkrieg mit vielen Fronten entwickelt. Die Regierung schlug brutal und grausam zurück und ließ Bomben auf die Städte werfen. Seit 2011 sind in Syrien mehr als 465.000 Männer, Frauen und Kinder getötet worden. Millionen Syrer sind aus den Städten geflüchtet und viele haben das Land verlassen.

Der Bürgerkrieg führte zu einer Zersplitterung des Landes. Die Terrororganisation Islamischer Staat kontrollierte im Mai 2015 über die Hälfte des syrischen Staatsgebiets, während die Hauptstadt Damaskus, mehrere Provinzhauptstädte und die dicht besiedelten Gebiete im Westen des Landes, in dem die Mehrheit der Bevölkerung lebt, weiterhin unter der Kontrolle syrischer Regierungstruppen stehen.

Die restlichen Gebiete werden von Rebellengruppen wie der Freien Syrischen Armee, kurdischen Milizen und dem al-Qaida-Ableger al-Nusra-Front kontrolliert.

(Stand: August 2019)

»Sami und der Wunsch nach Freiheit« im Unterricht © Beltz Verlag · Weinheim und Basel

i.6 ZUM HÖRBUCH

Zum Roman ist auch ein Hörbuch in ungekürzter Fassung erschienen. Es wird in einem angemessenen Sprechtempo gesprochen, sodass auch das Mitlesen des Textes für die Schüler_innen möglich ist.

Sprecher: Wolfgang Berger, Niels Rieke
Spieldauer: 8 Std. und 11 Min.
Steinbach Sprechende Bücher, Frankfurt a. M. 2017
ISBN 978-3-86974-290-8

i.7 WEITERFÜHRENDE LITERATUR

Jugendromane

- Rafik Schami: **Eine Hand voller Sterne.** Weinheim und Basel: Beltz & Gelberg, 2019 (25. Auflage).
  Über mehrere Jahre führt ein Bäckerjunge in Damaskus ein Tagebuch. Es gibt viel Schönes, Poetisches und Lustiges zu berichten aus der Stadt, in der Menschen so vieler Nationalitäten miteinander leben: vom alten Kutscher und Geschichtenerzähler Salim, von seiner Liebe zu Nadja und vom Basar, auf dem die Mutter Meisterin im Handeln ist. Aber es gibt auch Armut, Ungerechtigkeit und politische Verfolgung in der Stadt. Der Bäckerjunge wird zum Journalisten – im Untergrund.
- Rafik Schami, Markus Köninger: **Eine Hand voller Sterne. Graphic Novel.** Weinheim und Basel: Beltz & Gelberg, 2018.
  Beeindruckende Graphic Novel des Erfolgsromans.
- Rafik Schami: **Erzähler der Nacht.** Weinheim und Basel: Beltz & Gelberg, 2018 (6. Auflage).
  Kutscher Salim, der beste Geschichtenerzähler von Damaskus, verstummt plötzlich. Nur sieben besondere Gaben können ihn erlösen. Seine Freunde finden allmählich heraus, welche Gaben gemeint sein könnten – die schönsten, die es gibt: Geschichten! In unnachahmlicher poetischer Weise werden hier Märchen und Wirklichkeit miteinander verquickt.

Sachbücher

- Kristin Hellberg: **Der Syrien-Krieg. Lösung eines Weltkonflikts.** Freiburg: Herder, 2018.
- Gerhard Schweizer: **Syrien verstehen. Geschichte, Gesellschaft und Religion.** Stuttgart: Klett-Cotta, 2018 (10. Auflage)

Rezensionen zu „Sami und der Wunsch nach Freiheit“
(Stand: 30.10.2019)

- Lea Frehse: **Das geliebte Land.** In: DIE ZEIT Nr. 19/2018, https://www.zeit.de/2018/19/rafik-schami-jugendbuecher-eine-hand-voller-sterne-sami-und-der-wunsch-nach-freiheit.
- Hannelore Piehler: **Sami und der Wunsch nach Freiheit.** In: Literaturkritik.de, 06.12.2017, https://literaturkritik.de/public/rezension.php?rez_id=23962 .

»Sami und der Wunsch nach Freiheit« im Unterricht © Beltz Verlag · Weinheim und Basel

Lesezeichen und Zeilometer

Dieses Lesezeichen hilft dir, einzelne Textstellen zu finden oder dich mit deinen Mitschülerinnen oder Mitschülern über bestimmte Textstellen zu unterhalten: Lege dazu einfach das Zeilometer an den oberen Buchrand. Die Zahlen sind dann die jeweiligen Zeilen. Natürlich kannst du dein Zeilometer auch individuell gestalten.

»Sami und der Wunsch nach Freiheit« im Unterricht © Beltz Verlag · Weinheim und Basel

Wie Freundschaften entstehen

Scharif, Sami und die wichtigsten Personen werden vorgestellt …

1. In den ersten Kapiteln erfährst du einiges über die Hauptfiguren des Romans.

a) Lies dir die ersten drei Kapitel noch einmal genau durch oder höre dir die Kapitel auf der CD an.

b) Unterstreiche dabei mit Bleistift alle Textteile, die dir Informationen über die Hauptfiguren geben.

c) Welche Eigenschaften und Merkmale passen zu welcher Figur? Ordne zu und finde für jede Figur noch mindestens zwei weitere Eigenschaften bzw. Merkmale. Male die zusammengehörenden Kästchen mit gleichen Farben an.

Elias	Scharif	Sami	Franziska	Klaus

Mann von Franziska	Frau von Klaus	Chemiker	Mitte sechzig	kinderlos
Lehrerin	Nachname Surur	flüchtet aus Syrien nach Deutschland	schüchtern	höflich
Mitte zwanzig	Narben	lebt in Damaskus	Postbote	alt
spielt Laute	Junggeselle	scharfzüngig	bester Freund von Scharif	Freund von Elias
bester Freund von Sami	unstillbarer Hunger	dünn	macht Karate	hat eine Katze

2. Lies dir nun die Biografie von Rafik Schami (**i.1**) durch und setze sie in Bezug zu den Informationen, die du zu der Hauptfigur Scharif gefunden hast. Diskutiert in der Klasse darüber.

3. Scharif und Sami verbindet eine besonders enge Freundschaft.

a) Was bedeutet für dich Freundschaft? Erstelle eine Mindmap.

b) Verfasse einen Text bzw. einen Essay, der deine Meinungen, deine Vorstellungen und deine Erfahrungen zum Thema *Freundschaft* darlegt.

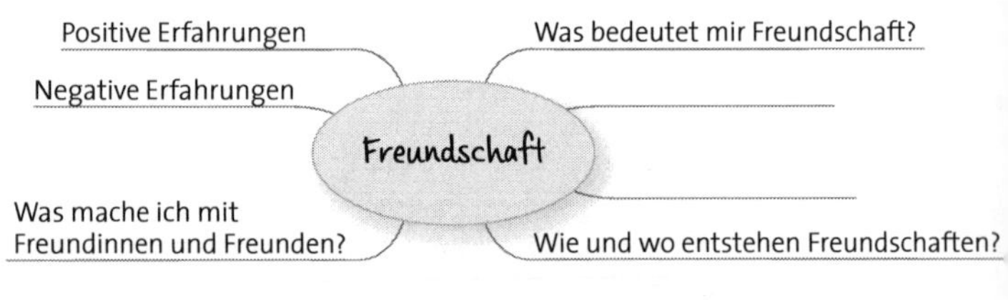

4. **Aufgabe für Schnelle:** Schreibe ein Akrostichon zum Thema *Freundschaft* oder *Verbundenheit*.

Info

Akrostichon

Die Buchstaben eines Wortes (z. B. Freundschaft) werden senkrecht untereinandergeschrieben. Jeder Buchstabe bildet dann den Anfang eines Wortes oder Satzes, der zum Thema *Freundschaft* passt.

»Sami und der Wunsch nach Freiheit« im Unterricht © Beltz Verlag · Weinheim und Basel

Im Mai kam Scharif in Deutschland an

Scharif flieht aus Syrien nach Deutschland …

Info

Weltweit sind mehr als 65 Millionen Menschen auf der Flucht. Alle Flüchtlinge suchen einen besseren Ort zum Leben – einen Ort, an dem sie frei sind.

1. Viele Syrer mussten fliehen, weil sie politisch verfolgt wurden. Auch Scharif berichtet von seiner Flucht. Streiche die Aussagen durch, die nicht im Bericht auf Seite 9 und 10 stehen.

- *Im Oktober flüchtete er aus Damaskus über Umwege in die Ukraine und von dort über mehrere Länder bis nach Deutschland.*
- *Sein Weg nach Frankreich war ein gefährliches Abenteuer.*
- *Weite Strecken musste er zu Fuß zurücklegen, in Wäldern schlafen, fast verhungert um Essen betteln und immer weiter Richtung Norden gehen.*
- *Er hatte nur eine kleine Landkarte dabei.*
- *Unterwegs wurde er mehrmals ausgeraubt und geschlagen.*
- *Im August kam Scharif in Deutschland an.*
- *Nach vier Monaten Wartezeit bekam er Asyl in der Pfalz.*

2. Lies dir den Infotext *Krieg in Syrien* (**i.5**) durch.

a) Markiere die wichtigsten Aussagen mit einem Marker.

b) Erstelle eine Mindmap zum Thema *Krieg in Syrien.*

c) Macht euch in der Gruppe darüber Gedanken, warum Menschen aus ihrer Heimat flüchten. Benennt Gründe und diskutiert eure Ergebnisse in der Klasse.

3. Eine Flucht zu organisieren, ist schwierig. Viele Menschen sind dabei auf Hilfe angewiesen. Es gibt Leute, die solche Hilfeleistungen verkaufen. Man nennt sie »Schlepper« oder »Schleuser«. Informiere dich im Internet und in der Bücherei zu diesem Thema.

4. **Aufgabe für Schnelle:** Stell dir vor, du wärst ein Reporter. Überlege dir, was du die Menschen fragen würdest, die aus ihrem Land geflüchtet sind.

a) Schreibe das Interview auf.

b) Spielt das Interview vor.

Tipp

Mögliche Fragen:
Wo kommst du her? • Warum musstest du aus deinem Heimatland fliehen? • Wie bist du hierhergekommen? • Ist jemand mit dir hierhergekommen? • Hast du etwas auf deiner Flucht mitgenommen? • Wie fühlst du dich hier in Deutschland?

»Sami und der Wunsch nach Freiheit« im Unterricht © Beltz Verlag · Weinheim und Basel

Eine Kaserne namens Schule

> Die Schule war das Gegenbild, die Gegenwelt zu allem, was frei, glücklich, gelassen sein kann …

1. Lies Kapitel 5 aufmerksam durch. Die Schule wird von Scharif als Gegenwelt zu allem, was frei und glücklich sein kann, beschrieben. Ergänze die Sätze und finde die jeweiligen Textstellen. Schreibe sie vollständig mit Stellenangaben in dein Heft.

a) Unsere Schule erinnerte an eine Kaserne und hatte mit einer Bildungseinrichtung …

b) Hier wurden die Schüler gedrillt auf die Liebe …

c) Damit wurde das großartige Land Syrien nach dem Modell Nordkoreas …

d) Das Lernen geschah an unserer Schule nicht, um …

e) Der Vergleich unserer Schule mit …

f) Jede Klasse hatte einen …

g) Über alle Aufseher wachte der Direktor und über dem Direktor …

h) Außerdem gab es wie in …

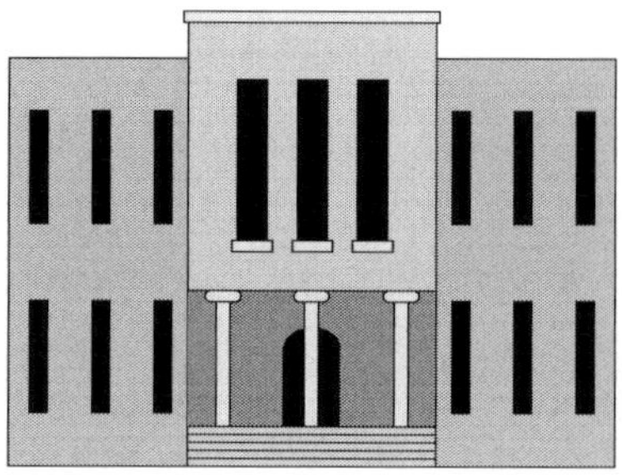

2. Wie unterscheidet sich die Schule in Syrien von der Schule, die du besuchst? Führt eine Klassendiskussion zum Thema.

3. Spielt in der Klasse die Szene mit dem sadistischen Mathematiklehrer nach, der einen Jungen quält (Kap. 5, S. 63–65). Überlegt zuvor:

a) Wie viele Schauspieler benötigt ihr?

b) Haltet ihr die Erzählerrolle für notwendig? Wenn ja, an welchen Stellen?

> **Tipp** Lest dazu eure Szene aufmerksam. Sammelt gemeinsam Ideen für die Körperhaltung, Gestik und Mimik der einzelnen Figuren.

4. Die Schüler akzeptieren die Gemeinheiten der Lehrer nicht. Im zwölften Kapitel schmieden sie einen teuflischen Plan.

a) Beschreibe, was sie tun, um sich am Lehrer zu rächen.

b) Welche Wirkung hat das Handeln der Schüler auf den Lehrer?

c) Welche Ideen fallen euch noch ein, um sich still und, ohne sich selbst zu gefährden, zu wehren?

5. **Aufgabe für Schnelle:** Wie war Schule in Deutschland früher? Wie hat sich Schule in Deutschland verändert?

a) Suche im Internet und in der Bücherei nach Informationen.

b) Was hat deine Recherche ergeben? Schreibe die Informationen auf.

c) Vergleiche die Informationen mit der Schulsituation in Syrien. Erstelle eine Tabelle.

»Sami und der Wunsch nach Freiheit« im Unterricht © Beltz Verlag · Weinheim und Basel

»Ich will frei sein ...«

Scharif schreibt eine Geschichte für die Schülerzeitung, die aus politischen Gründen leider boykottiert wird ...

1. Der Lehrer bittet Scharif, die Geschichte umzubenennen und stattdessen den Titel *Der Traum der Raupe* zu wählen. Lies noch einmal die Seiten 116 bis 118. Löse dann das Kreuzworträtsel.

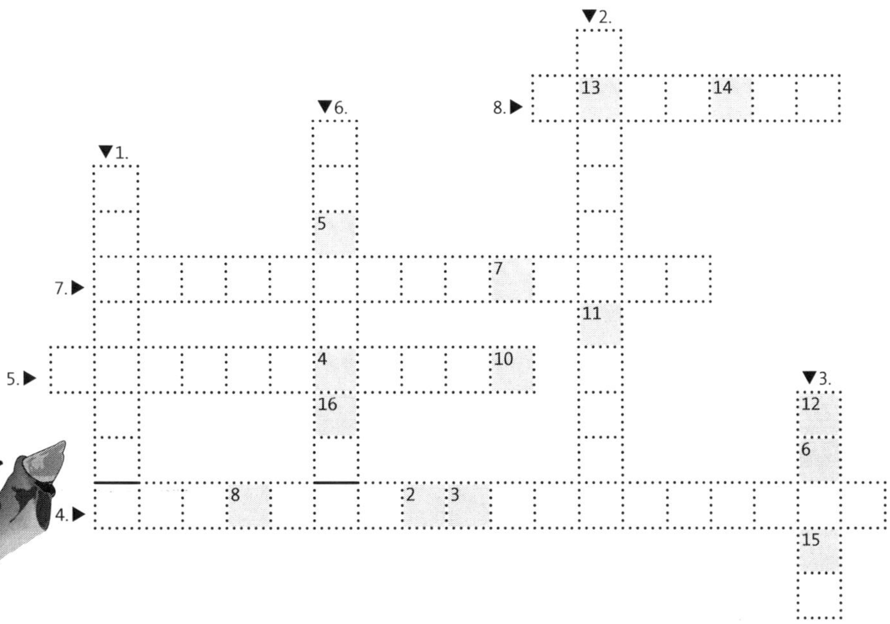

1. Wie hieß der neue Arabischlehrer mit Nachnamen?
2. Bassam war der Sohn eines armen ...
3. Scharif schrieb eine Geschichte über eine ...
4. Die Raupe träumte von ...
5. Wie nannten sie die Wandzeitung?
6. Wie heißt das Synonym für *Haltestelle* im Arabischen?
7. Mit was wurde die Wandzeitung überklebt?
8. Die Beleidigungen richteten sich gegen die Regierung und gegen ...

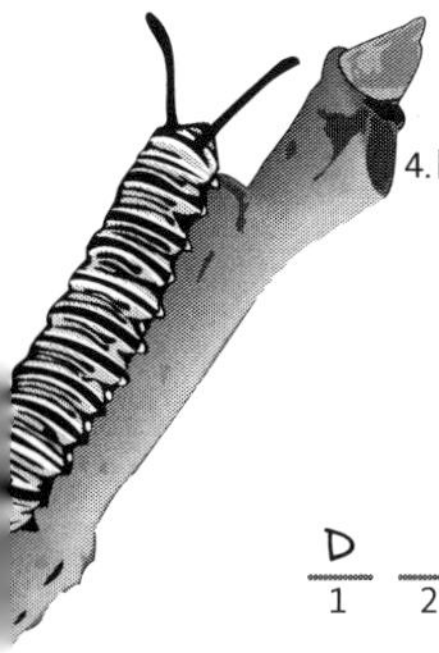

D __ __   __ __ __ __ __   D __ __   __ __ __ __ __
1 2 3   4 5 6 7 8   9 10 11   12 13 14 15 16

2. Im 14. Kapitel erfährt man, dass Scharif eine Geschichte zum Thema *Ich will frei sein* verfasst.

a) Was verbindest du mit diesem Thema?

b) Schreibe selbst einen Text zum Thema *Freiheit und was sie für mich bedeutet.*

3. In diktatorischen Staaten verbietet man häufig jegliche Form von Kunst oder künstlerischem Ausdruck: Literatur, Malerei und Theater. Warum ist das so? Was denkst du?

4. **Aufgabe für Profis:** Im 14. Kapitel erfährst du, dass Scharif in der siebten Klasse ist, also ungefähr zwölf Jahre alt ist. Der Roman springt immer wieder zu Episoden aus Scharifs früherem Leben und baut Verweise auf sein späteres Leben als Erwachsener ein. Schreibe anhand der Textstellen und mithilfe der tabellarischen Inhaltsübersicht (**i.3**) eine mögliche Lebensgeschichte von Scharif in Kurzform. Beginne mit Kapitel 2 (S. 16).

Tipp: Kindheit • Jugend • Erwachsenenalter • Schule • Abenteuer mit Sami • Flucht aus Syrien • erstes Verliebtsein

5. **Aufgabe für Schnelle**: Schreibe ein Gedicht zu den Themen *Freiheit, Endlich erwachsen, Ohne Eltern, Flucht, Heimat.*

»Sami und der Wunsch nach Freiheit« im Unterricht © Beltz Verlag · Weinheim und Basel

Café der Taubstummen

Der taubstumme Onkel Burhan als Revolutionär …

1. Lies dir das Kapitel 20 noch einmal aufmerksam durch. Gliedere das Kapitel in tabellarischer Form in einzelne Abschnitte. Fasse den Inhalt des Abschnitts in möglichst wenigen Sätzen zusammen und versuche, zu jedem Abschnitt zwei mögliche Überschriften zu finden.

Abschnitt	Zusammenfassung	Mögliche Überschriften
S. 165, Zeile 1 bis S. 168, Zeile 8	Onkel Burhan wird vorgestellt. Scharif erzählt Burhans Lebensgeschichte.	Onkel Burhan, der Taubstumme

> **Info**
> Eine **Inhaltsangabe** beschreibt sachlich, objektiv und distanziert den Inhalt eines Romans, eines Kapitels oder auch eines Films. Sie konzentriert sich auf wichtige Textaspekte, steht im Präsens und enthält keine Wertungen. Wörtliche Rede wird in indirekter Rede wiedergegeben.

2. Onkel Burhan kann als Revolutionär bezeichnet werden. Er stellt sich gegen das Regime. Wie tut er das? Handelt Burhan eurer Meinung nach richtig? Wie hättest du in seiner Situation entschieden und warum? Diskutiert in der Klasse.

3. Burhans Café war das erste Café, das auch für Frauen offenstand. Informiere dich über die Rolle der Frauen in Syrien.

a) Suche im Internet und in der Bücherei nach Informationen. Lies dir dazu auch das Interview mit Rafi Schami durch (**i.3**).

b) Was hat deine Recherche ergeben? Schreibe die Informationen in dein Heft.

c) Findest du noch andere Textstellen im Roman, die Aussagen zum Verhältnis von Frau und Mann in Syrien machen?

4. **Aufgabe für Schnelle:** Entwirf ein Wandplakat/Werbeplakat für Burhans Café.

a) Was müsste als Werbeslogan auf dem Plakat stehen, damit jeder weiß, für wen das Café eröffnet wurde?

b) Entwirf dann Flyer.

c) Eröffne in Gedanken ein eigenes Café. Für wen wäre es? Erstelle auch dafür ein Werbeplakat.

> **Info**
> Ein **Flyer** wird auch Flugblatt oder Handzettel genannt. Es ist ein beschriftetes Papierblatt, das eine Mitteilung transportiert und verbreitet.

»Sami und der Wunsch nach Freiheit« im Unterricht © Beltz Verlag · Weinheim und Basel

»Ich wollte dir nur ein Küsschen geben«

Nelly, Scharifs Freundin, lebt in einem gefühlskalten Haushalt. Sie muss ihre Tage zu Hause verbringen und am Computer …

1. Finde folgende Textstellen und erkläre sie mit eigenen Worten. Schreibe einen kurzen Text in dein Heft oder Lesetagebuch.

a) Sicher waren unsere Eltern arm, aber sie waren reich an Gefühlen, in jeder Hinsicht!

b) Sie war fremd unter Fremden.

c) Für sie war die Welt wie ein modernes Märchen.

d) Du hast eine Perle als Freundin.

e) Von ihr lernte ich, dass ein Diktator niemanden mehr braucht und schätzt als die Gleichgültigen.

2. Rafik Schami hat dem Kapitel die Überschrift »Rettende Liebe oder *Warum manche Kinder schnell erwachsen werden*« gegeben.

a) Was könnte er damit gemeint haben?

b) Wer rettet hier wen?

c) Findest du die Überschrift passend? Fallen dir andere Überschriften für das Kapitel ein?

3. Nelly lernt im Internet verschiedene Männer kennen, in die sie sich verliebt. Beschreibe die Bekanntschaften und unterhalte dich in deiner Gruppe über Verliebtsein und Internetchats. Welche Vor- und Nachteile bietet euch diese Plattform?

4. **Aufgabe für Schnelle:** Stell dir vor, Scharif und Nelly könnten sich per SMS unterhalten: Nelly sitzt zu Hause und darf nicht raus! Über was könnten sie sich unterhalten? Schreibe einen längeren SMS-Dialog zwischen ihnen.

5. Male oder zeichne eine Szene der Kapitel 25 bis 31, z. B. als Scharif und Sami in der Pension ankommen und Hamad kennenlernen oder die Flucht der Gefangenen aus dem Lager.

»Sami und der Wunsch nach Freiheit« im Unterricht © Beltz Verlag · Weinheim und Basel

»O mon dieu, wie schrecklich!«

Onkel Elias verliebt sich in Lamis. Die Familie wendet sich ab. Bei einer Razzia findet der Geheimdienst Haschisch …

1. Wer sagt und denkt das? Schreibe die Figur und die Textstelle dazu.

Zitat	Wer?	Seite/Zeile
a) »Sehe ich nicht affig aus? Wie ein alter Gigolo?«		
b) »Du bist reicher, als du denkst!«		
c) »O mon dieu, wie schrecklich!«		
d) »Liebe ist ein Menschenrecht.«		
e) »Hier ist das Rauschgift.«		
f) »Der arme Junge.«		
g) »Warum steht ihr so wie scheintot rum?«		
h) »Warum nur?«		
i) Vielleicht mochte sie recht haben, aber wer war der Verräter gewesen?		
j) »Es schmerzt mich mehr als die Folter.«		
k) Er starb langsam, Stück für Stück.		

2. Als Folge der Verleumdung und des Verrates geschehen einige Dinge. Was genau? Schreibe es auf.

3. Scharif vergleicht die Handlungen des Geheimdienstes mit den Menschenrechtsverletzungen in den Staaten des ehemaligen »Warschauer Paktes« und der Stasi der ehemaligen DDR. Informiere dich im Internet und in Büchern über dieses Thema und diskutiere in der Klasse darüber: Hat Scharif recht? Ist die Situation zu vergleichen? Warum ja, warum vielleicht nicht?

4. Verfasse einen Nachruf, in dem Sami beschreibt, was ihn mit Onkel Elias verband.

Tipp: Ein **Nachruf** (Nekrolog) ist eine Würdigung des Verstorbenen und bringt die Trauer über den Tod zum Ausdruck. Er erzählt vom Leben des Verstorbenen, von dessen Taten und Charaktereigenschaften.

5. **Aufgabe für Schnelle:** Mehrere Szenen eignen sich besonders gut, um sie im Rollenspiel darzustellen, z. B. die Szene, in der die Polizei die verdächtigen Spitzel Dimitri und Abdulrahim verhört, die unter Verdacht stehen, Elias die Droge untergeschoben zu haben. Übt die Szene mehrmals und präsentiert sie dann in der Klasse.

»Sami und der Wunsch nach Freiheit« im Unterricht © Beltz Verlag · Weinheim und Basel

Vom Aufstand der Kinder

Der Aufstand in Syrien beginnt. Sami und Scharif sind bei den Demonstrationen dabei. Sie werden im Untergrund tätig und engagieren sich in einem Internetblog der Aufständischen …

1. Im Kapitel 30 wird eine wahre Begebenheit erzählt: Im März 2011 begann der Bürgerkrieg in Syrien. Einer der Auslöser waren Graffiti, die einige Jungen an die Wand ihrer Schule gesprüht hatten.

a) Überprüfe am Text: Welche Aussagen sind richtig (r), welche falsch (f)?

b) Kreuze an und ergänze jeweils den Textbezug (Seite/Zeile).

c) Schreibe anschließend alle richtigen und korrigierten Sätze auf.

		r	f	Textbezug
A	Nach meinem Wissen ist es der erste Aufstand der Geschichte, den Kinder ausgelöst haben.	○	○	
B	Es gab keine Opposition, wer noch nicht umgebracht worden war, war ein angepasster Parteianhänger.			
C	In der Nacht vom 24. Februar 2011 sprayten sie ihre und die Verzweiflung ihrer Eltern an die Wände.			
D	Die Kinder wurden verhaftet und gefoltert.			
E	Die Eltern gingen auf die Straße und schworen, nicht eher nach Hause zu gehen, als ihre Kinder freikämen.			
F	Hunderte Menschen demonstrierten landesweit aus Solidarität mit den Eltern.			

für Profis

Überlege dir drei eigene Sätze zu dem Kapitel 30. Deine Mitschülerinnen und Mitschüler müssen dann entscheiden, ob die Sätze richtig oder falsch sind, und die jeweilige Textstelle finden.

2. Scharif beschreibt, wie sie im Untergrund tätig werden. Lies noch einmal aufmerksam die Seiten 290 bis 291.

a) Suche die Textstellen, die ihre Arbeit beschreiben.

b) Unterstreiche sie mit Bleistift.

c) Erzähle mündlich deinem Partner / deiner Partnerin, was geschah.

3. Wie ein Dummer-Jungen-Streich, eine Mutprobe, kommt den Jungen in Daraa eine Idee: Sie kaufen Spraydosen und sprühen ein paar Sprüche wie z. B. »Nieder mit dem Präsidenten« auf die Wand.

a) Tauscht euch aus. Haben die Jungen mit solch einer Reaktion des Geheimdienstes gerechnet?

b) Schreibe aus Sicht eines Jungen, der verhaftet wurde, was er sich dabei gedacht hat und was geschehen ist.

»Sami und der Wunsch nach Freiheit« im Unterricht © Beltz Verlag · Weinheim und Basel

Es ist die Geschichte seiner Generation

Rafik Schami berichtet, dass die Begegnung mit Scharif nun vier Jahre her ist, und beschreibt, wie und auf welche Weise er die Erzählungen Scharifs niederschrieb …

1. Verbinde die Satzteile und schreibe sie in dein Heft, dein Lesetagebuch oder deinen Leseordner. Ergänze hinter dem Satz in Klammern die Belegstelle aus dem Text (Seite/Zeile).

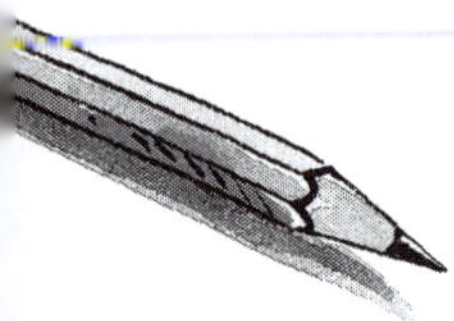

A	Es ist nun mehr als vier Jahre her,	dass er Kontakt zu Sami bekommen habe.	G
B	Vier Monate lang trafen wir uns zwei- bis dreimal wöchentlich,	als Computerfachmann und als Lehrer für kleine Kinder.	K
C	Eines Tages überraschte mich Scharif mit der Nachricht,	und an Trennungen gewöhnen sich nur Steine.	I
D	Im Januar 2013 erzählte er mir mit großer Freude,	er wolle nach Kanada auswandern, weil seine Freundin Nelly die notwendigen Papiere besorgt habe.	L
E	Sami arbeitet in einem jordanischen Flüchtlingslager	und Scharif erzählte von Sami und seinen Abenteuern und von ihrer Freundschaft.	H
F	»Das Leben im Exil ist eine Kette von Trennungen«, schrieb ich einst,	seit ich Scharif kennengelernt habe.	J

2. »Das Leben im Exil ist eine Kette von Trennungen«, schreibt Rafik Schami. Was könnte er damit gemeint haben?

3. Rafik Schami hat die Abenteuer von Sami den Erzählungen nach aufgeschrieben. Lass dir eine beliebige Geschichte von deiner Mitschülerin / deinem Mitschüler erzählen und schreibe sie danach auf.

a) Diskutiert anschließend in der Klasse darüber, ob es euch schwer- oder leichtgefallen ist.

b) Konntest du nah an der Erzählung bleiben? Konntest du dir alles merken?

4. Auch Märchen sind Geschichten, die mündlich weitererzählt wurden. Sie erzählen aber keine wahren Begebenheiten.

a) Findest du die Geschichten aus dem Roman glaubwürdig?

b) Wenn nicht, warum? Begründe deine Meinung und tausche dich in der Gruppe aus.

5. **Aufgabe für Schnelle:** Das Wiedersehen von Scharif mit Nelly oder Sami ist sicher ein Happy End des Romans. Stellt diese Szenen im Rollenspiel dar und versucht dabei, die Gefühle und Gedanken der Figuren mithilfe von Tonfall, Gestik und Mimik zu verdeutlichen.

Tipp

Hilfreich könnte es sein, die wörtliche Rede der Figuren mit unterschiedlichen Farben im Text zu markieren. Achtet beim Spielen vor allem auf die Gestik und Mimik der Figuren. Dazu hilft es, bei jedem Redeteil Hinweise zu Gestik und Mimik sowie Gefühlsadjektive am Textrand zu markieren.

»Sami und der Wunsch nach Freiheit« im Unterricht © Beltz Verlag · Weinheim und Basel

Feedback-Bogen zum Roman

Du kennst das Buch »Schami und der Wunsch nach Freiheit« nun sehr genau.
Jetzt sollst du deine Meinung zum Roman darstellen.

1. Welche Figur oder Figuren aus dem Roman fandest du sympathisch? Welche nicht und warum? Trage Zahlen ein. Die 1 bekommt die Figur, die du am sympathischsten fandest, und so weiter. Die 18 bekommt dann die Figur, die du am unsympathischsten fandest.

Scharif	Samis Mutter	Scharifs Vater	Barbara (Apotheke)	Hebamme
Sami	Josephine	Samis Vater Basil	Schuldirektor	Sadik
Onkel Elias	Nelly	Scharifs Mutter	Luca	
Klaus und Franziska	Fadia und Nadia	Lehrer Sabadani	Onkel Burhan	

2. Welche Szene fandest du besonders spannend?

Als ____________________

3. Gibt es etwas, was dir am Buch nicht so gut gefallen hat?

____

4. Wenn das Buch verfilmt werden würde, welche Rolle würdest du gerne spielen?

__________, weil ____________________

5. Jetzt ist dein Urteil gefragt! Kreuze an.

	stimmt total	stimmt	geht so	stimmt nicht
A Das Thema des Romans hat mich erschüttert.	○	○	○	○
B Einige Stellen fand ich unrealistisch.	○	○	○	○
C Die Erzählweise hat mich irritiert.	○	○	○	○
D Ich wäre wie Scharif und Sami aus Syrien geflohen.	○	○	○	○
E Ich bin mir unsicher, ob alle Geschichten tatsächlich der Wahrheit entsprechen.	○	○	○	○

6. Wie fandest du das Buch insgesamt?

☐ sehr gut ☐ gut ☐ geht so ☐ nicht so gut ☐ schlecht

Begründe deine Antwort: ____________________

»Sami und der Wunsch nach Freiheit« im Unterricht © Beltz Verlag · Weinheim und Basel

Lösungen und Lösungsvorschläge

K.2

1. **Elias:** kinderlos, lebt in Damaskus, Postbote, alt, spielt Laute, Junggeselle
Scharif: Nachname Surur, flüchtet aus Syrien nach Deutschland, schüchtern, höflich, Mitte zwanzig, bester Freund von Sami
Sami: Naben, lebt in Damaskus, scharfzüngig, bester Freund von Scharif, Freund von Elias, unstillbarer Hunger, dünn, macht Karate, hat eine Katze
Franziska: Frau von Klaus, kinderlos, Lehrerin
Klaus: Mann von Franziska, Chemiker, Mitte sechzig

K.3

1.
- Im Oktober flüchtete er aus Damaskus über Umwege in die ~~Ukraine~~ (Türkei) und von dort über mehrere Länder bis nach Deutschland.
- Sein Weg nach ~~Frankreich~~ (Deutschland) war ein gefährliches Abenteuer.
- Weite Strecken musste er zu Fuß zurücklegen, in Wäldern schlafen, fast verhungert um Essen betteln und immer weiter Richtung Norden gehen.
- Er hatte nur ~~eine kleine Landkarte~~ (einen kleinen billigen Kompass) dabei.
- Unterwegs wurde er mehrmals ausgeraubt und geschlagen.
- Im ~~August~~ (Mai) kam Scharif in Deutschland an.
- Nach ~~vier~~ (drei) Monaten Wartezeit bekam er Asyl in der Pfalz.

K.4

1. a) Unsere Schule erinnerte an eine Kaserne und hatte mit einer Bildungseinrichtung für freie Menschen wenig zu tun.
b) Hier wurden die Schüler gedrillt auf die Liebe zum Präsidenten und den Hass gegen seine Feinde.
c) Damit wurde das großartige Land Syrien nach dem Modell Nordkoreas auf den Diktator reduziert.
d) Das Lernen geschah an unserer Schule nicht, um Neugierde, Wissen, Forschen anzuregen und zu entwickeln, sondern bestand im stupiden Auswendiglernen, als ob Chemie oder Mathematik aus Koranversen bestünden.
e) Der Vergleich unserer Schule mit einer Kaserne ist nicht übertrieben.
f) Jede Klasse hatte einen Aufseher.
g) Über alle Aufseher wachte der Direktor und über dem Direktor wiederum der Parteivertreter, und der stand in direkter Verbindung mit dem Geheimdienst, der alles kontrollierte.
h) Außerdem gab es wie in jeder Kaserne Spitzel.

K.5

1. Kabbani, 2. Kalligrafen, 3. Raupe, 4. Schmetterlingsflug, 5. Haltestelle, 6. Haltung, 7. Beschimpfungen, 8. Christen
Der Traum der Raupe

K.6

1.

Abschnitt	Zusammenfassung	Mögliche Überschriften
S. 165, Z. 1 – S. 168, Z. 8	Onkel Burhan wird vorgestellt. Scharif erzählt Burhans Lebensgeschichte.	Onkel Burhan, der Taubstumme
S. 168, Z. 9 – S. 169, Z. 22	Onkel Burhan eröffnet das Café M., ein Café für Taubstumme. Auch Frauen waren bei ihm willkommen.	Das Café M.
S. 168, Z. 9 – S. 170, Z. 22	Anekdote über einen Mann, der sich über die Ruhe im Café wunderte und vom Kellner auf »den Arm genommen wurde«	Das Café der Verrückten
S. 170, Z. 23 – S. 172, Z. 15	Onkel Burhan hasste die Diktatur. Sein Freund Jusuf wurde verhaftet und gefoltert, weil er sich gegen die Diktatur äußerte und ein Spitzel ihn verriet.	Die Verhaftung von Jusuf
S. 172, Z. 16 – S. 174, Z. 14	Anekdote über den Spitzel, der täglich in Burhans Café saß. Die Gäste trauten sich nicht mehr, sich zu unterhalten. Burhan versucht, den Spitzel aus dem Café zu vergraulen.	Der Spitzel
S. 174, Z. 16 – S. 174, Z. 14	Der Sohn eines Generals: Said hilft Burhan, den Spitzel aus dem Café zu schmeißen. Nelly bekommt ihren ersten Kuss im Café M.	Said und der erste Kuss

K.8

1. a) Elias, S. 230, Z. 10
b) Lamis, S. 231, Z. 8
c) Lamis, S. 231, Z. 20
d) Samis Mutter, S. 233, Z. 3
e) Polizist, S. 234, Z. 18
f) Scharifs Mutter, S. 235, Z. 17
g) Sami, S. 236, Z. 2
h) Sami und Scharif, S. 236, Z. 13
i) Scharif, S. 236, Z. 24
j) Elias, S. 241, Z. 5
k) Scharif, S. 242, Z. 4

K.9

1. A: r, S. 280, Z. 3
B: f, S. 281, Z. 1
C: f, S. 281, Z. 4
D: r, S. 281, Z. 13
E: r, S. 281, Z. 19
F: f, S. 281, Z. 22

K.10

1. A–J, B–H, C–L, D–G, E–K, F–I

»Sami und der Wunsch nach Freiheit« im Unterricht © Beltz Verlag · Weinheim und Basel